新时期英语教学工作研究

曾秋霞　宋晚荷　付剑鹏◎著

中国原子能出版社

图书在版编目（CIP）数据

新时期英语教学工作研究 / 曾秋霞，宋晚荷，付剑鹏著. -- 北京 : 中国原子能出版社，2022.8
ISBN 978-7-5221-2078-2

Ⅰ. ①新… Ⅱ. ①曾… ②宋… ③付… Ⅲ. ①英语—教学研究 Ⅳ. ① H319.3

中国版本图书馆 CIP 数据核字（2022）第 154665 号

新时期英语教学工作研究

出版发行 中国原子能出版社（北京市海淀区阜成路 43 号 100048）

责任编辑 杨晓宇

责任印制 赵 明

印　　刷 北京天恒嘉业印刷有限公司

经　　销 全国新华书店

开　　本 787 mm×1092 mm 1/16

印　　张 9

字　　数 171 千字

版　　次 2022 年 8 月第 1 版 2022 年 8 月第 1 次印刷

书　　号 ISBN 978-7-5221-2078-2 **定　价** 72.00 元

前　言

新时期背景下，学生的核心素养培养逐步受到多方的重视。对于学校而言，英语课堂教学本身就是逐步培养学生英语核心素养的重要方式，也是引导学生逐步探索学习方式、提升实践能力、培养自身英语思维与逻辑能力的重要途径。新时期背景下的高校英语课堂正是深入贯彻国家教育政策要求、逐步突显学生学习主体性的重要方式。

本书第一章为新时期英语教学概论，主要包括语言的概念、英语教学中的师生关系、英语教学原则、英语基础教学理论以及新时期英语教学工作概况五个方面。第二章讲述了新时期高校英语课程设计与教学方法，主要包括课程设计、教学方法两方面内容。第三章为新时期英语教学模式，主要对教学模式的含义以及新时期英语主要教学模式展开了深入论述。第四章为新时期英语教学工作实施，主要从英语听力与口语教学、英语词汇教学、英语语法教学、英语阅读与写作教学、英语翻译教学以及英语文化教学几个方面展开论述。第五章是新时期英语教学评价，从英语教学评价的概念入手，并对英语教学评价的目的和意义、英语教学评价的基本原则以及英语教学评价的分类展开了论述。第六章为新时期英语教学发展方向，主要从英语教学的改革方向、新时期高校英语教学的未来发展、新时期高校英语教师技能提升途径几方面展开论述。

在撰写本书的过程中，作者得到了许多专家学者的帮助和指导，参考了大量的学术文献，在此表达真诚的感谢。但由于作者水平有限，书中难免会有疏漏之处，希望广大读者及时指正。

目　录

第一章　新时期英语教学概论

随着社会经济的逐步发展，人才需求不断增加，高校英语教育备受关注。尤其是在互联网时代背景下的高校英语教学中，学生英语核心素养的培养更是引发了诸多讨论。本章主要从语言的概念、英语教学中的师生关系、英语教学原则、英语基础教学理论以及新时期英语教学工作概况五个方面展开了深入论述。

第一节　语言的概念

一、语言和言语

语言和言语并非同义词。语言是一种交际工具；言语是用语言工具进行交际的过程和成果。语言是一种社会现象，其创造者和所有者是使用这种语言的民族或人民，语言的存在不取决于个人；言语则是一种个人心理现象，其创造者和所有者是个人，为了研究言语的发展，必须考虑个人年龄等有关状况，言语行为是由个人完成的。当然，这里所说的社会现象与个人现象并不是对立的。这种区分已为多数学者所接受。在多数著作中即使没有提到区分语言和言语，实际上所研究的内容，如言语理解、产生等，仍以这种区分为基础。

区分语言和言语，主要是为了便于研究言语活动，并不是要把言语和语言绝对地割裂开来。语言和使用该语言的言语实际上存在于相互制约、不可分割的统一之中，离开了语言也就不可能有言语。因此，在语言教学中必须恰当地处理好语言和言语的关系。

二、语言的结构

对语言结构进行研究，必须从语音、语法、词汇和语义等几个方面着手。这就有了语音学、语法学（包括词法和句法）、词汇学和语义学。我们可以从以下这几个方面分析语言结构的各个层次。

（一）音素

语音的最小结构单位是音素，它是说本族语者能分辨的最小的语音单位。音素可分为元音和辅音两大类。英语有 48 个音素。

（二）词素

词素是语言最小的意义单位，可由一个或多个音节构成。

（三）词

词是用以构成句子或话语的最小单位，必须由至少一个自由词素组成。词有词汇意义，代表特定的事物或行为等。

（四）短语或词组

词按一定的语法联系可组成有意义的短语。短语不包含主语和谓语，往往作为句中的一个成分。根据在句中的功能，短语可分为形容词短语、副词短语、名词短语、动词短语、介词短语等。

（五）句子

句子包含主语与谓语（至少暗示二者），可以表达完整的意思。句子是语言中最大的语法单位。

（六）话语或语段

话语在语言学中是指构成一个相当完整的单位的语段，通常限于指单个说话者传递信息的连续话语。话语可以是口头的，也可以是书面的。

三、语言的功能

语言的基本功能是交际。在交际活动中有三个主要因素：说话者、听话者和信息系统。在交际过程中，语言的功能与说话者和听话者的心理活动，特别是说话者的意图和想要传递的思想，以及听话者现有的知识是密切相关的。有些学者认为，语言有三项主要功能：叙事功能、表态功能和社会功能。

英国语言学家韩礼德认为语言有以下三种主要功能。

①构思功能，即语言可以用来组织说话者或写话者对真实世界或想象世界的体验，也就是说，语言涉及真实的或想象的人、事、行动、事件、状况等。

②人际功能，即语言可以用来指出、建立或保持人们之间的社会关系。这种功能包括称谓、言语和情态等。

③话语功能，即语言可以用来创造内部紧密结合并且适合特定使用情境的书面或口头话语。

第二节　英语教学中的师生关系

一、师生关系

（一）组织者与参与者

在当代英语课堂教学中，教师是课堂活动的组织者，学生是课堂活动的参与者。组织者与参与者这两个词听起来虽然与传统课堂上的师生关系有相似之处，但两者有本质上的差别。

首先，传统的课堂教学以教师为中心，教师是课堂的主导，是课堂的决定者。学生处于被动的地位，只能学习教师在课堂上讲授的知识。其次，教师是知识和真理的储藏库，他们决定一切、评判一切。最后，在传统课堂上，师生之间缺少互动。师生之间的交流基本上是单向的，即使有少量的互动，也属于单向交际——学生回答教师提出的问题；通常情况下学生之间也很少互动。

而在当代英语课堂教学中，教师应当是教学的组织者。教师不再是课堂的主导，他们要做的是为学生的英语学习创设不同的情境，并且组织、安排、控制好课堂教学的各个环节。学生也不再处于被动的地位，他们变成了主动的参与者，可以积极地参与教学活动的各个环节。首先，为了完成教学活动中的任务，学生要主动学习知识，找到多种解决问题的方法。其次，学生可以选择学习哪些知识以完成教学任务，在遇到问题时，教师并不是唯一的求助对象，解决问题的方法也不是只有一种。教师可以帮助学生解决问题，引导学生找出自己的不足，但教师不再是最终的裁判。最后，师生、生生之间的交流不是单向的，而是双向的。教师设计的课堂教学活动要参考“最邻近发展区”理论，同时要求学生通过交流、合作来完成。

在当代英语课堂教学中，教师是组织者，学生是参与者，课堂的中心是学生而不是教师。以学生为中心的课堂注重对学生交际能力的培养，因为英语学习活动本身就是一种交际。以学生为中心并不是说放任自流，教师仍是课堂的组织者，其任务是让课堂教学的各个环节顺利进行，并能达到预期的效果。如果发生偏离轨道的情况，教师需要将教学环节引向正轨。教师就像一场会议的主办方，而学生则是参会者。主办方的任务是为保证会议的顺利进行提供各种条件，而会议的主角是参会者。

（二）引导者与学习者

教师是学生进步的引导者，对学生负有引导的责任。学生虽然是课堂教学的主角，但他们的学生身份没有改变，仍然处在学习的阶段，需要教师科学引导才能完成学习任务。

作为引导者的教师需要了解英语学习的相关理论，例如最邻近发展区理论，以及英语能力的构成要素、获得顺序及阶段等，并根据相关理论及学生的特点设计出恰当的教学内容和教学任务。教师需要考虑如下四个因素。

第一，教学内容和教学任务要遵循最邻近发展区的原则，确保内容和任务之间的连贯性与延续性；

第二，英语教学任务的设计要体现出交际性，为学生创设互动的情境；

第三，控制好每个环节所需要的时间；

第四，设定英语教学任务完成时应达到的标准，并及时给出反馈。

（三）评估者与进步者

课堂教学的组织和引导并不是一个静态的过程，而是一个动态的过程。教师设计的教学内容与课堂活动并不是一成不变的，也不总能适用于所有的学生。教师需要根据学生的完成情况及时对下一环节进行调整。科学的调整建立在对学习进程恰当评估的基础之上，评估之后还要把结果及时反馈给学生，这样才能帮助学生不断进步。

教师评估的内容主要包括以下四个方面。

第一，教学内容是否适合学生英语能力的发展阶段；

第二，学生完成任务的质量是否达到了预期标准；

第三，学生出现错误的原因是什么；

第四，帮助学生改正错误的教学内容是否适合学生。

总而言之，科学技术的发展推动了课堂教学改革，学生接受教育的场所不再局限于课堂，教师也不是他们获得知识的唯一源泉。传统的以教师为中心的课堂对学生的吸引力逐渐减弱，再加上英语人才的培养不再讲求知识性的灌输，而是看重英语运用能力的提高，这些因素都迫使教师转变角色。

当代大学英语教师应该是课堂的组织者，为学生组织各种互动学习任务，让他们在师生、生生交际中掌握各种知识，提高自身的英语能力；当代大学英语教师应该是课堂的引导者，设计各种培养英语能力的教学环节，并在课堂教学的实施过程中严格把控，帮助学生完成学习任务；当代大学英语教师还应该是学习效果的评估者，对学生的表现进行科学评估，并把评估结果及时反馈给学生，推动学生不断提高英语能力。

二、大学英语教学中师生关系的现状

传统的教与学的关系，是一种分离的关系。在传统英语课堂中，语言知识是连接师生关系的唯一纽带。教师是知识的传授者，学生是知识的接受者。决定与控制整个教学活动的是教师，学生是被动的参与者。教师的着眼点是如何将知识传授给学生，而学生想学什么、希望怎样去学，并不是教师进行教学时首要考虑的问题。

传统的大学英语教学过分强调语言学习的认知因素，忽视情感因素对语言学习的影响，造成了学生发展过程中的“情感空白”。大学英语教学对情感因素的忽视是造成大学英语教学效果不够理想的重要因素之一。

笔者试图从组织互动性课堂教学、营造平等和谐的师生氛围、发挥情感因素在教学中的作用等方面入手，将师生关系定位为服务与消费的关系。在大学英语教学中，这种服务与消费关系体现为以学生为中心，以更好地帮助学生掌握新知识为主要目的，教师与学生平等地交流，学生勇于向教师提出自己的不同见解，双方“共同探讨各种语言问题，并最终得到一个双方都认可、接受的结论”。这种和谐的师生关系必将对大学英语教学的改革产生积极的促进作用。

（一）语言知识是连接师生关系的唯一纽带

在目前的大学英语教学中，相当一部分英语教师依然是课堂的主体，采用的依然是以教师为中心、以语言输入为主要形式的教学方法。许多英语教师忽视了学生的需要，忽视了情感因素在教学中的作用。上海师范大学教育科学学院的一项调查证明，“重知轻情”现象在当前高校教育中普遍存在。在该调查中，50%以上的教师认为当前学校教育中重认知因素、轻情感因素的情况相当严重，逾90%的教师认为应重视教学中的情感因素，以增强教学效果。

虽然希望运用情感因素的教师占99.71%，但是真正付诸实践的教师仅占8.81%。尽管很多英语教师意识到了让学生主动参与课堂活动的重要性，但是由于种种原因，他们实际上采取的还是以教师为中心、以掌握书本内容为目的的传统教学模式，英语课成为机械的语言知识的传授课。教师和学生之间这种畸形的“独木桥式”（即单一通过知识发生联系）的关系必然带来的一个后果，那就是课堂教学中师生缺乏情感的交流，学生上课参与意识不强，对英语学习普遍缺乏兴趣。

（二）师生之间缺乏沟通，有距离感

近年来由于高校连续扩招，班级人数日益增多，师资紧缺，英语教学遇到了前所未有的困难。大多数英语教师与学生接触交流的时间不多，师生之间缺乏必要的沟通和了解，必然会产生距离感、冷漠感。许多教师上课以传授知识为主，在课堂内只管自己讲课，上完课就走人，知情脱离，不太关注学生的需求，这无疑会影响课堂氛围和学生上课的心态。久而久之，师生之间的这种距离感、冷漠感必然会对教学活动的展开产生消极的影响。

三、建立平等、和谐的师生关系

在现代教学中，师生关系应该被定位为服务关系，甚至是一种消费关系，即商家与消费者之间的关系（seller-buyer relationship）。教师向学生出售的是知识和信息，而学生付出学费以获得相等价值的知识商品。因此，就像顾客对要买的商品的价格、质量、颜色、售后服务等进行询问、挑选一样，学生对教师出售的商品，即教师的教学内容、教学质量、教学效果等也非常重视。

（一）组织互动型课堂教学

在互动的过程中，互动的参与者在一定的自然或非自然语境中，借助文字或非文字手段，对信息进行理解、加工和交流。信息在发送器和接收器之间的互动不是单向地从教师向学生传递（即教师是发送器，学生是接收器），也不是单一地以教师为始发点，在师生之间交互传递（图 1-2-1），这不是真正的互动型课堂教学。在真正的互动型课堂教学中，信息的走向应该是多维的，即从教师到学生、从学生到教师、从学生到学生、从个体到群体、从个体到个体、从群体到群体等（图 1-2-2）。

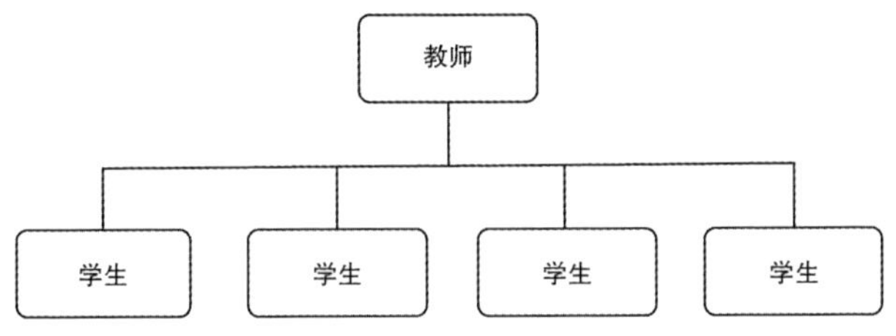

图 1-2-1　非互动型课堂教学

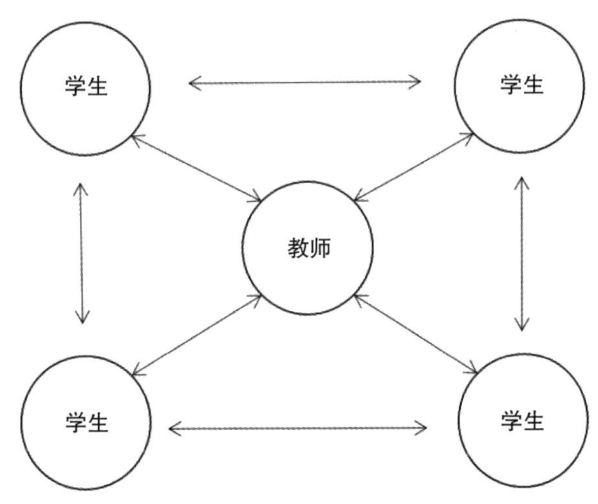

图 1-2-2　互动型课堂教学

在多维互动中，教师与学生是平等的活动参与者，他们既是信息的发送者，又是信息的接收者和加工者。在信息传递过程中，师生之间、生生之间互相填补信息差，并且共享资源。在课堂教学中，教师可根据教学的实际需要，采用个体活动、配对活动、小组活动等形式。在互动型课堂教学中，教师和学生的角色都是动态的。互动型活动可分启动、展开、深入和结果等阶段。在第一阶段，教师是设计者，根据学生、语言材料和教师自身等因素，设计活动的形式、情境和任务。学生也应参与设计，使课堂活动更能体现他们的个性。在第二阶段，教师是组织者和辅导员，负责帮助和指导学生参与活动；同时教师也是参与者，与学生形成平等关系，创设轻松和真实的交际环境。学生是活动的参与者，但也应是组织者和辅导员，比如，组织自己的小组活动、帮助同伴参与活动等。在第三阶段，教师只起到学习促进者的作用，努力激发学生参与学习的欲望，促使学习活动继续下去。学生应该是问题的发现者，并且积极想象、探究和创新，把活动推向更高层次。在第四阶段，教师是评价者和观赏者，积极评估学生的活动，鼓励学生持续发展。学生不但是成果的呈现者和报告者，也是活动的评价者和观赏者。学生应逐渐适应自主学习和自我评价的模式。教师只有把握好上述要素，才能让课堂教学真正有效地互动起来。

（二）营造平等和谐的师生氛围

平等的师生关系是开启学生心灵的钥匙，是搞好课堂教学的前提。营造师生平等和谐的情感氛围，在创新教育中受到越来越多的重视。俗话说：亲其师才能信其道。师生之间良好的人际关系有助于培养学生的学习兴趣。学生对教师的情感，随着心理距离的缩短，一般要经历下列发展阶段。

①接近——减少生疏感、恐惧感；

②亲近——感到与教师的关系和睦，主动地亲近教师；

③共鸣——与教师产生感情上的共鸣，体会到教师对自己的期望；

④信赖——向教师敞开心扉，在遇到困难时期望得到教师的帮助。

教师应该走进学生的情感世界中，做学生的朋友，正面评价学生，善于发现学生的闪光点。只有师生情感交融，学生才会“爱屋及乌”，学习兴趣也就会“油然而生”。

随着时代的进步、观念的更新，学生不再是凭教师意愿可以随意塑造的原材料，不再是单纯的知识容器，相反，学生应该参与决定学习内容和学习活动。当今社会科技飞速发展，教师的知识权威地位受到了挑战，教师和学生的关系不再是单一化的。现代教师的角色应该是多元化的，其教学必须满足学生的需要，师生合作，共同完成课堂教学活动。这样，师生间不仅仅通过认知结构发生交流，而且还通过情感内容发生交流，师生关系由直线型结构变成了多维结构（图1-2-3）。

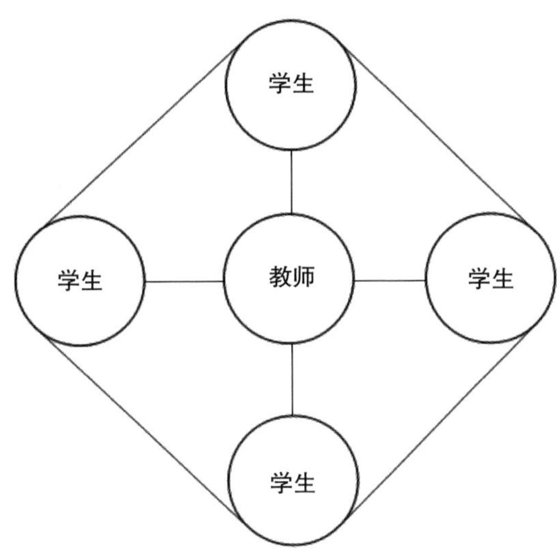

图 1-2-3 师生关系多维结构

确立以学生为中心的教育观、培养学习者的学习自主性，已成为外语教学界的共识。在帮助学生学习的过程中，教师的作用举足轻重。教师的角色正经历一个从讲师到教师再到导师的转变过程。这中间的区别在于：讲师只熟知自己的专业学科知识，不了解教学方法和技巧；教师既懂专业学科知识又懂教学方法和技巧；导师除了熟知专业学科知识和掌握教学方法外，还积极研究并时刻关注学习者的学习心理，了解学习过程，以帮助学习者尽可能多地承担起自主学习的责任。

（三）充分发挥情感教学的作用

情感是人类特有的一种心理现象，它具有适应功能、信号功能、动机功能、组织功能、保健功能、感染功能和迁移功能。在语言教学中，情感指学习者在学习过程中的感情、感觉、情绪、态度。

美国心理语言专家和教学法教授克拉申曾指出，学生外语要集中解决两个问题：一是理解性输入；二是解除心理障碍问题。

他认为情感因素起着对输入内容进行过滤的作用，学生的情感因素会阻碍或加速第二语言的习得。在教学中，教师应关注学生的情感因素，重视进行情感教学，培养学生积极的情感态度，把情感态度的培养融入日常教学的每一个环节，让情感充满教室，进而实现教师与学生情感的交融。

总而言之，大学英语教学的改革将促进我国高校师生关系定位的进一步改善，教师要调整好心态，摒弃“唯师为尊”“师道尊严”的传统观念，淡化教师的权威意识，把自己放在与学生平等的地位上，扮演好亦师亦友的角色，充分考虑学生的需求，营造一种平等、轻松、愉悦的课堂教学环境，多向学生宣传互动式交流、任务教学、学生自主学习等新的教学理念，和学生一起走出以往教育理念的误区。如果教师能够做到知情合一，那么大学英语课堂教学就有可能摆脱目前这种师生缺乏情感交流与沟通、机械传授语言知识的沉闷的课堂气氛，出现一种学生积极参与并自由表达自己的思想、观点，充满生机和活力的崭新的课堂气氛。这种和谐的师生关系必将对大学英语教学改革产生积极的促进作用。

第三节　英语教学原则

一、兴趣教学原则

兴趣是最好的老师，是英语学习的催化剂。兴趣就像一把钥匙，能帮学生打开英语知识之门。兴趣具有积极和肯定的情绪特征，是推动学生学习英语的原动力，对学生学好英语起着举足轻重的作用。学生一旦对英语产生了兴趣，就会主动去听英语、说英语、读英语和写英语，会寻找一切可能的时间和地点去练习英语，在不知不觉中就学会了英语。因此，教师要以提高学生学习英语的兴趣为出发点，融洽师生关系，创建趣味性教学环境，认真备好每节课，选择有趣的教学内容和授课形式，充分利用一切可能的教具等，努力去满足、发现、挖掘和培养学生学习英语的兴趣和好奇心，让学生在实践中产生兴趣和发展兴趣，从而体验到英语学习带来的快乐。教师要鼓励和引导学生将兴趣与自己的人生长远目标相结合，这样学生学习英语的欲望就会更强烈。而且，兴趣是可以相互感染的，因此教师还要组织学生成立各种与英语学习有关的兴趣小组，促进学生共同进步。

二、简单教学原则

教师要遵循循序渐进的教学原则，从基础抓起，以简单为前提。从简单的内容开始教授英语具有许多优点：有利于学生成就感的获得，有助于学生自信心的树立，增加学生对英语学习的兴趣，也易于学生学以致用。比如教师训练学生阅读时，可以让学生从最简单的英汉对照读本开始读，学生读懂了就会产生成就感，就会对英语学习越来越感兴趣；反之，如果教师给学生提供的阅读材料很难，每页上都有大量生词，英语阅读就成了查单词和记忆生词的苦差事，也就谈不上英语水平的提高了。

三、量的教学原则

任何事物的变化都是从量变开始的，量变积累到一定程度必然引起质变，量变是质变的前提和必要准备。英语学习也不例外，没有足够的英语输入也就没有足够的英语输出。因此，教师在平时的工作中要加大学生的知识技能输入，强调“泛”字、突出“量”字，以获取信息而非语言为主，采用大容量、多信息、高密度、快节奏、点面结合和难易相间的指导方针对学生进行量的训练。这样学生的英语语感会水到渠成，质的飞跃会自然而来。

四、重复教学原则

重复是记忆之母，是人们记忆最重要的途径之一。重复使人记忆准确且深刻，语言的获得同样离不开重复。正是因为我们重复了无数遍，所以我们才能自如运用像“Nice to meet you.”这样的句子。因此，教师在英语教授中要重视重复教学，要保证有充足的语言材料。

五、模仿教学原则

大家都知道，人尤其是儿童的语言能力是从模仿开始习得的，同样英语语言的习得也离不开模仿。模仿学习是习得语言的一种基本能力，对提高学生的英语交际能力有着举足轻重的作用，是学生学好英语的阶梯和桥梁。学生模仿英语语言越逼真、地道，他们语言的再造想象力就越丰富，运用表达的能力就越强。因此，教师在教课过程中要提供给学生大量标准的英语语言材料，让学生通过对语音、词汇、句型结构等进行有效模仿，将新旧知识融会贯通，找出其中的语言规律，最终在新的情境中自由运用。课堂教学中的模仿练习包括机械性模仿、意义性模仿和创造性模仿，三者紧密联系，由低层次向高层次依次递进。

六、直观性教学原则

英语直观性教学原则是指教师在英语教学过程中通过实物展示或语言描述，引导学生形成对所学内容的清晰印象，从而发展学生的英语能力。俗话说，百闻不如一见。直观教学形象、鲜明、生动且有趣，学生容易接受并且不容易忘记所学知识。在运用直观性教学时，直观性教具的选择要符合学生的年龄特征和认知水平，直观性教学手段要与教师的适当讲解相配合，要考虑使用教具的数量、时间和地点，防止直观性教学使用不当或滥用。

七、交际性教学原则

英语是一种交际工具，学习英语最重要的目的就是参与社会交际。英语交际性原则就是指教师把英语作为交际工具来教，学生把英语作为交际工具来学，师生在课堂内外把英语作为交际工具来用。交际性教学原则在教学中体现在教学材料语境化、教学过程交际化、以学生为中心的课堂教学模式和轻松自由的课堂气氛中。社会需要什么，教师就教什么；社会怎么用英语，教师就怎么教英语。教师在授课时要尽量把日常生活中的交际形式搬上讲台实行情境教学。比如，在阅读课中渗透听说练习，培养学生的交际能力；大量开展英语课外活动，为学生创造交际条件；充实学生的西方社会文化知识，增强语言得体性意识；等等。

八、以学生为中心的教学原则

以学生为中心的教学原则是指英语教学要符合学生的认知规律，体现学生在学习活动中的主体作用，从学生的角度出发思考问题，充分考虑学生的生理和心理特点、兴趣和需要。教师的教学活动要以学生获得英语能力为主线来进行，教材分析、教学活动设计和教学评价等各个方面都要紧紧围绕学生实际来展开。

九、突击教学原则

英语学习是一个长期的过程，学生重复做一件事情有时会感觉单调，因此教师应该制订近期、中期和长期的教学计划，采取间距突击强化的方法。英语的授课进程应该是由一个个突击强化阶段所组成的。比如第一个月以训练学生阅读能力为主，天天让学生读简易读物，这样一个月下来，学生的词汇量就有了一定的积累，第二个月再突击听力，第三个月突击口语，第四个月突击写作，这样经过阅读—听力—口语—写作的不断循环突击训练，学生的英语水平会在反复的突击中不断提高。

十、多样性教学原则

英语学科教学的特点之一就是多样性。多样性教学有利于唤起学生学习英语的兴趣，能够有效提高学生的英语能力。教师要根据实际情况，全方位地对学生进行多样性教育。

教学方法多样性：开放式、开发式、参与式、交流式、借助式、迁移式和启发式等。

组织形式多样性：全班式、分组式、示范讲解法、变换角色法等。

授课内容多样性：随教学进度变换不同内容，以专项为主，穿插不同类别的内容。

教学手段多样化：采用幻灯、投影仪、简笔画、实物、图片、录音、录像等手段，配上教师的肢体语言等。

课堂环节多样性：组织教学、复习检查、讲解新课。

评价方式多样性：设立英语学习进步奖、超越奖、克服困难奖、完成作业优秀奖、听说读写单项奖等，引导学生进行自评、互评等。

十一、合作学习教学原则

合作学习教学原则是指教师为帮助学生完成英语教学任务而组织学生进行互助性学习的教学指导方针。合作学习教学原则能指导教师更好地培养学生的平等合作意识、创新精神和用英语进行交际的能力，激励学生主动学习英语。教师在课上要让学生在合作中动脑、动口和动手，发挥每一个学生的优势，使他们相互引导和促进，共同完成学习任务。教师执行这条原则的主要方式有：同桌合作准备课前发言、小组合作预习新课、合作表演对话、合作讨论问题、合作归纳知识、合作完成作业、合作订正错误、合作学习单词、合作完成作业以及成立帮扶对子等。

十二、系统性教学原则

英语教学活动应当持续、连贯和系统地进行。英语教学必须依照英语课程体系和学生的身心发展规律来进行。教师要贯彻好这一教学原则，不断了解英语学科教学的最新发展，使教学活动的顺序更加科学合理。教师要以教学大纲为主线，由近及远、由浅入深、由简到繁地设计教学过程，并根据实际情况适当地调整教学速度、增删教学内容。

十三、实践性教学原则

语言的实践活动是人们习得语言的根本途径和方法。语言教学如果脱离了语言的实践活动，就不可能成功。因此，教师在教学中要遵循实践性教学原则，改变过分重视语法和词汇知识讲解的传统授课倾向，可采用提示、观察、发现、分析、对比、归纳和总结等方式实施语言教学，通过有意义的句子或篇章来综合学习和运用英语，让学生掌握实用的语言知识，真正培养和发展学生的英语能力。

第四节　英语基础教学理论

一、布鲁纳的“认知－发现”说

20 世纪 60 年代，美国教育心理学家布鲁纳指出，学生所处的环境会影响到他们的心理状态，而他们的心理状态也会对环境产生反作用。但实际上学生的心理状态最主要还是受到他们自身所特有的认知程序的影响，帮助学生实现智慧及认知的成长是教学的宗旨。教师的主要职责就是要了解学生的现状，并且把知识转换成学生容易接受的形式传授给他们，所以布鲁纳倡导教师和学生采用发现学习的方法。以下是这种学习方法的特点及实施策略。

（一）强调学习过程

教师授课并不是要把一个小图书馆填充到学生的头脑中去，而是要引导学生掌握自学的方法，使学生习惯独立思考问题，主动参与到获取知识的过程中去。在学习的过程中，学生应当成为一名面对知识的积极主动探寻者，而不应仅仅是一名消极被动的接受者。

（二）强调直觉思维

布鲁纳指出，直觉思维并不是一直按照规定好的步骤进行的，而是经常以一种越级的、跃进的方式，通过捷径来进行思考的。这点与分析思维有着本质上的不同。事实证明，在科学发现的相关活动中，直觉思维更为重要。言语类的信息或者是教师的指令性的语言文字并不会直接形成直觉思维，直觉思维的形式和本质通常是图像或者是映像性的。因此在教学过程中，教师应当引导学生先做后说，起码要边做边说，以帮助学生通过探寻活动来形成丰富的想象力。

（三）强调内在动机

布鲁纳认为，应当促成学生从内部产生学习的动机，或者将外部的动机转变成内部的动机，学生的好奇心和学习热情会被发现活动所调动和激发，而好奇心能够驱使学生以极大的热情去探究未知的东西，所以他把学生的好奇心称作“学生内部动机的原型”。他指出，相比于让学生把与同学竞争作为动机，还不如让学生向自己发出挑战。因此，要想使学生主动建立起学习的动机，就要先让学生有提高自己才能的欲望，也就是要有驱动力，这样才能使学习的效率得到明显提高。

（四）强调信息提取

布鲁纳指出，人类保持记忆力首先要解决的问题是提取，而不是储存。虽然这是从理论的角度来讲的，但对学生的要求也应如此。原因在于学生在学习的过程中，需要在没有外因作用的前提下独立提取相关的信息。

二、人本主义学习理论

人本主义学习理论最早兴起于20世纪五六十年代。人本主义学习理论之所以兴起，主要是因为此时期的学者对学习过程中自我价值的实现、自我创造力的提升以及人的尊严等有了前所未有的重视，他们认为实现人的本性就是发挥其自身的潜能。美国心理学家罗杰斯认为所有能够向别人传授的知识都是没有用的，只有人自己主动发现并且经过消化吸收的知识才能够对自己的行为产生影响。所以，教学可能是没有意义的，甚至还可能是有害的。教师所要做的并不是向学生传授知识，也不是引导学生掌握学习方法，而是将学习中所需要的各种资源提供给学生，并为学生创设一定的学习空间，具体如何学习完全由学生自己决定。罗杰斯的这一教学理论在当时给传统教育带来了巨大的冲击。

人本主义学习理论的缺陷在于以下几方面。

第一，过度依赖学生的天赋、潜能，导致环境在教育中的作用减小。

第二，过分强调学生的中心地位，影响了教育与教学效能。

第三，过于突出学生个人的兴趣与爱好，低估了社会与教育的力量。

第四，低估了教师的作用。

三、多元智能理论

20世纪80年代，世界著名教育心理学家加德纳提出了多元智能理论。他认为，智能是一种创造能力。加德纳将人的主要智能归纳为以下八种：自然观察、运动、内省、空间、音乐、人际交往、数理逻辑和语言。他创造了一种新的评价理念，即“智能本位评价”，这种理念进一步拓展了学习评估的基础；他倡导的

“情境化”评估方式改变了过去传统教育评估的方法及功能。

当下我国高校正在进行大规模的教学改革，很多教师都在探寻对学生进行评价的新方法，此时多元智能理论就具备了较高的借鉴价值。

在多元智能理论中，所有人都是聪明、智慧的，但这种聪明的性质以及范畴是有所区别的。每一个学生都有其自身的价值和作用，但这种差异不应当成为教育过程中的负面因素，而应当成为一种独具价值的资源。教师不能像过去一样用一把尺子测量所有的学生，要始终用一种欣赏和发现的目光去看待每一个学生，把所有的学生都视作天才，积极地、有针对性地去挖掘学生的潜力，帮助所有的学生成为人才。

在教学方法的选择上，多元智能理论主张要仔细分析每名学生的智力优势和弱势所在，有针对性地制订具体的教学方法。在教育目标方面，多元智能理论认为并不需要把每名学生都培养成为全面的人才，在培养学生的过程中，可以结合学生的实际情况，如性格特点、兴趣爱好等为学生指明相应的学习发展方向。实际上就是避免让大量的学生去挤一座独木桥，也并非多建几座可以过河的桥，而是为每个学生建造一座适合他自己的桥，让他们找到各自适宜的定位。

教育的意义其实有两个方面：一是为社会培养有用的人才；二是要解放和发展人。教师不应再像过去一样刻板地备课、机械地上课、简单地完成教学任务，而应当从学生的角度出发，注重对他们潜能的开发，让他们得到全方位的发展。教师要不断对教学的形式以及教学的环节进行调整，培养和发掘学生多方面的智能潜力。教师要多采取小组合作的形式来引导学生进行合作式的学习及讨论，这样对于培养学生的人际智能有着积极的作用。教师还应当注重引导学生进行课后反思，提高他们的内省意识和能力。

四、建构主义理论

建构主义理论是由瑞士心理学家皮亚杰提出的，此教学理论的提出主要建立在唯物辩证法的基础上。皮亚杰认为儿童的认知结构受到了儿童自身以及外界环境的双重影响，也正是在这种影响下，久而久之才形成了儿童的认知结构。以下是建构主义理论的主要观点。

第一，学习是学生自主汲取知识的一个过程，而并不是由教师机械性地传授知识的过程。学生不应该始终处于被动接收信息的地位，而应当积极主动地寻找学习知识的意义。这个过程必须由每一个学生亲力亲为，别人无法替代。

第二，学习的过程应当成为学生主动建构意义的过程，学生不能只是简单被动地接收一些信息。学习者需要在自己的经验基础上，有选择地对外部的一些信息进行加工和处理，从中寻找属于自己的意义。外部的信息之所以会产生意义，是因为学习者会将自己的旧知识和新知识进行反复的相互作用，在这个过程中建构相关的意义，所以学习并不是一个简单的刺激－反应过程。

第三，获得学习意义的过程主要包括：学习者先要积累一定的知识和经验，在此基础上将新的知识和信息进行重新加工、重新认识，形成自己的理解。学习者原有的知识也会因为新知识的融入而发生整合和改变。

第四，学习者的认知结构会通过两种途径发生改变，一种是同化，另一种是顺应。同化指的是学习者的认知结构产生的量的变化，顺应指的是认知结构发生的质的变化。同化和顺应会产生一个往复的循环，这个过程会在平衡与不平衡的状态下交替进行，这就是人产生认知的过程。简单机械的信息积累并不是真正的学习，真正的学习是新的知识及经验与旧的知识及经验的碰撞与融合，从而使认知的结构发生重组的过程。所以说，学习并不是一个简单的信息录入、保存和提取的过程，而是学习者掌握的新的知识与旧的知识之间发生碰撞、相互产生作用的一个过程，也可以说是学习者同他所处的学习环境间的互动过程。

建构主义理论始终都是将学生作为中心的，这种理论提倡教师要从以下三个方面进行教学。

第一，教学时要发挥学生学习的积极性和主动性，将学生的创新精神加以保护和推广。

第二，为学生提供不同的机会，帮助他们使用自己所学到的知识。

第三，引导学生通过实践活动获得一些信息的反馈，并且根据这些反馈来制订解决问题的具体方案。

第五节　新时期英语教学工作概况

在新时期环境下，科技得到了快速发展，尤其是互联网信息技术。互联网科技的迅猛发展给教育领域带来了前所未有的机遇和挑战，而网络学习作为获取知识信息的一种有效途径也逐渐被人们所接受和采纳。

2015 年，李克强总理在《政府工作报告》中首次提出了“互联网 +”的概念。“互联网 +”是互联网发展的新态势，是对互联网思维的进一步延伸和拓展，是指将互联网融入各种传统行业中，实现信息的交换，并构建起一个庞大的互联网体系。“互联网 + 教育”必将给大学英语教学带来深刻的变革。

一、新时期大学英语教学改革的意义

近年来，我国国务院、教育部针对“互联网 +”在教育领域的应用提出了相关的规划和要求。教育部在 2012 年发布的《教育信息化十年发展规划（2011—2020 年）》中强调，“教育信息化要充分发挥信息技术优势，注重信息技术与教育的全面深度融合”，并明确指出“高等教育信息化是促进高等教育改革创新和提高质量的有效途径，是教育信息化发展的创新前沿”。

教育部发布的《大学英语教学指南》指出，“大学英语应大力推进最新信息技术与课程教学的融合，继续发挥现代教育技术，特别是信息技术在外语教学中的重要作用”。

这些政策的颁布对“互联网 +”环境下的大学英语教学改革起到了巨大的推动作用。将信息技术融入教学是国家对高等教育改革和发展的总体规划，是高等教育发展的必然趋势。

近年来，我国的互联网行业呈现出迅猛发展的态势，在这样的时代背景下我国大学英语的传统教学模式已经无法适应当今的社会发展。因此，高校必须加快英语教育的信息化建设，为传统教学模式注入新的活力。

因此，“互联网 +”环境下网络技术与大学英语教学的深度融合，既是对教学资源的丰富，又是对教学模式的优化；既可以满足学生学习的个性化需求，又可以调动和激发学生的学习兴趣。

二、新时期大学英语教学存在的问题

（一）教师的教学理念滞后

第一，部分教师的教学理念十分滞后。有些英语教师仍然固守着传统的教学理念，只看重英语知识和技能的传授和训练，使英语这门工具性学科失去了它的应用性和实践性优势。

第二，教师的信息化应用理念滞后。有些教师对将信息技术应用到教学中持排斥态度，认为这样会增加教学工作量。这种理念上的滞后必然阻碍了信息技术在大学英语教学中的应用。

（二）学生的课堂参与感低

目前大学英语教学仍沿用以教师为中心的传统教学模式，教师利用 PPT 课件和英语教材给学生进行理论知识讲解，学生在课堂上处于一种被动听讲的状态。这种教学方式受时间维度和地域维度的限制，会使英语教学资源得不到充分利用，也会使学生无法很好地将所学的英语知识应用到实践中。长此以往，学生会对这种“填鸭式”的教学方式产生厌倦感，逐渐对英语学习失去兴趣和信心。

当代大学生是在互联网环境下，伴随着平板电脑、智能手机等成长起来的一代。他们视野广阔、思维灵活，对新鲜的事物和信息有着天然的超强接受能力。而传统的大学英语教学已不能很好地满足追求个性化和多元化、渴望变化的当代大学生的学习需求。如果大学英语教师不改变这种现状，就无法调动学生的学习积极性。因此，高校将信息技术应用于教学中是“互联网 +”环境下大学英语教学改革的必然趋势。

三、新时期大学英语教学改革的路径

网络时代给传统的教学模式和学习模式带来了前所未有的发展机遇和挑战。这就要求教师在开展大学英语教学工作时，必须尽快转变教学理念、优化教学模式、完善教学考核评价机制等，以适应新时代对大学英语教学提出的新要求。

（一）转变教育理念

任何形式的教学改革都必须要有先进的教学理念作为指导。大学英语教师的教学理念是影响大学英语教学过程的关键因素。在具体的教学实践过程中，大学英语教师要树立以人为本的教育理念，要全面且客观地认识受教育群体，并将传统的以教师为中心的教育理念转变为现代的以学生为中心的教育理念。

在这一理念的指导下，新时代的教学模式呈现出信息化和多元化的特点。同时，系统化、科学化的教学模式能够大大地增强学生的参与度，让学生能够充分发挥自身的主观能动性。

（二）加强信息化教学能力

信息技术为大学英语教学提供了更广阔的平台，为英语知识的传授和发展开辟了另一个重要途径。在“互联网 +”的时代背景下，英语教师不仅是教学的设计者和实施者，更是教学资源的整合者，其综合能力水平在一定程度上直接决定着大学英语教学的质量。因此，大学英语教师在教学的过程中要重视自身信息化教学能力的提高。

教师若想从“单能型”向“多能型”转变，不仅要掌握本专业的知识，还要懂得互联网知识和技术，要具有较高的网络工具应用能力、较强的信息获取能力和资源整合能力。例如，教师要学会制作微课和慕课、操作在线学习平台、获取网络教学资料等，这样才能满足不同层次学生的个性化需求，让学生最大限度地掌握所学知识与技能。教师只有不断学习、更新知识储备、提升自身信息素养，才能给学生提供更多的帮助和更好的指引。

（三）优化教学模式

在“互联网 +”环境下，传统的教学方式和学习方式已无法满足当代大学生多元化的学习需求。在此基础上，混合式教学应运而生。混合式教学融合了各种不同的教学模式，能够有效发挥学生的主体作用和教师的主导作用，强调网络学习环境与面授课堂教学环境的融合。信息化技术的应用为大学英语的混合式教学构建提供了技术支持。教师可以运用线上和线下相结合的教学模式，将在线学习平台和传统课堂教学对接起来，使课堂学习和课外学习的时间和空间得到有效拓展。

在教学实践中，教师可以将慕课、微课、直播及手机 APP 等融入课堂，构建“线上 + 线下”的混合式大学英语教学模式。例如，教师可以把在线 MOOC 引入大学英语的课堂中，根据学校特色以及学生的英语水平和专业要求等，选择适合学生的学习材料。

另外，教师在通过 MOOC 进行教学的过程中，也要做好启发、答疑解惑、监督和评价的工作，从而提高大学英语教学的效率。以南京邮电大学为例，在 2020 年新冠疫情期间，该校将中国大学 MOOC 平台的“现代邮政英语”课程融入英语教学中，取得了意想不到的效果。新颖的线上学习方式既给传统的课堂教学增添了趣味性和灵活性，又大大降低了教师自身的教学压力。

当然，信息技术不是万能的，在大学英语教学中也有其局限性。新的技术手段并不能完全取代传统的课堂教学方式。教师与学生之间的面对面的指导和沟通以及学生与学生之间的面对面的交流都是学习者必不可少的学习体验。

（四）健全监督管理机制

在“互联网 +”的环境下，包括学校在内的相关管理部门也要为创建良好的现代化信息技术环境提供保障。高校要根据自身的专业特色，共同建设合作教育资源平台，为教师和学生提供多种形态的教学资源、教学平台和学习方式。同时，高校要引进并完善现代化教学设备设施，加强硬件设施设置及维护，为构建大学英语教学网络共同体提供必要的物质条件。监督管理部门也要做好本职工作，指引信息化技术应用与大学英语教学沿着正确的方向发展。

（五）完善教育评价体系

合理、科学的评价体系不但可以激发学生学习的积极性，还能促进学生学习效率的全面提升。因此，高校需要建立一套科学的考核评价标准来对教学效果进行正确的检测，要将学生的课堂学习和在线学习成效纳入评价内容中。同时，教师也应注重多元化评价方法的运用，将过程性评价与终结性评价有机地结合起来，关注学生在整个学习过程中的状态。

总之，在新时期环境下，高校英语教师必须对传统教学模式和教学方法不断进行优化和补充，使学生进入一个生动的、多元化的学习空间。当然，信息技术在大学英语教学模式中的应用仍处于探索阶段，需要教师、学生和管理部门共同努力，一同为大学英语教学改革添砖加瓦。

第二章　新时期高校英语课程设计与教学方法

随着大学英语教学环境的改变，其课程设计和教学方法也发生了一定的变化。为了更加清晰地了解新时期我国高校英语教学现状，本章主要从课程设计和教学方法两方面展开论述。

第一节　课程设计

一、课程的概念

许多人将课程混同于大纲，其实，从历史沿袭来看，课程设计有别于大纲制定。课程主要包括对语言教学的本质、特点以及教学要求的一般陈述，以及对如何达到教学目标的描述；而大纲是对教学目标较为具体的描述。

德国心理学家斯特恩提出，在北美，学程、课程、教育计划与英国的教学大纲所涵盖的范围大致相同。人们常常讨论的是课程 / 大纲的三方面内容：目标、内容和序列安排。也有学者认为，人们对“课程”和“教学大纲”的定义和理解存在混淆，大西洋两岸对这两个术语的用法不同。英国往往对两者加以区分，教学大纲指某一门具体学科的教学内容，课程指的是一所学校或一个教育机构中所要教授的内容和所要实现的目的。而在美国，课程相当于英国的教学大纲。

交际教学法的倡导者认为，课程是非常广泛的概念，它是对教育计划的哲学方面、社会方面以及管理方面的思考。大纲是课程的一个下属概念，关注的是要教授的单元内容。语言类课程包括以下六个层面。①概念形成：确定语言教育的一般原理，包括语言能力的内涵、语言在社会中的作用等。②管理决策：分析经济、政治、社会和金融等制约因素，决定可行的行动方针，从而建立教育计划的一般教育目标。③大纲规划：通过编写所教语言项目的目录、规划时间表及确立与其他学科的联结点，建立基本的选择和分级原则，界定教育计划的具体目标。④教材设计：编写课文，设计游戏、练习和其他活动，为教与学的活动提供情境。

⑤课堂活动：教师解释、呈现、调整既定的教材，使之适应学习者的需要。⑥评价：对上述五个层面的有效性做评价。

美国教育学家约翰逊提出的课程框架包括：政策、课程的目标、实用性、实施的条件、决策过程中的参与者对政策实用性的认可。他强调课程计划、目标/方法确立、教育计划实施和课堂实施这四个步骤。

美国语言学家大卫·努南认为课程设计主要负责教育项目的规划、实施、评价、管理和行政工作，大纲的主要任务是对教学内容的选择和分级。

二、课程设计目标

（一）激发学生对英语知识的学习兴趣

全面激发学生对英语学习的兴趣，是有效促进高校英语课堂教学的关键措施。在互联网时代导向下的高校英语课堂教学中，最为重要的方面之一就是积极促进学生对于英语知识内容的学习兴趣，进一步提升学生的学习积极性，以此来促进学生的英语学习意识与学习激情，从而夯实英语课堂教学的基础。因此，在互联网时代导向下的高校英语课堂教学过程中，英语教师要注重培养学生的兴趣。教师要言传身教，在教学过程中，要将自己对英语的热情、对英语知识的探索精神通过教学展现出来，从而启迪学生的心智、感染学生的心灵，引导并组织学生多思考英语问题，从而开拓学生的眼界，提高学生对英语的认知和理解。

（二）进一步培养学生的英语学习能力

对于高校英语课堂教学而言，教师要注重培养学生对英语知识的理解能力和对英语问题的解决能力，逐步提高学生的英语核心素养，以此促进英语课堂教学改革。教师要围绕学生英语学习能力的提高，拓宽学生的视野，创新教学内容，促进互联网时代导向下高校英语课堂教学的内容与其他学科学习内容的有机融合与不断发展，将英语教育与艺术、文化等学科有机地结合起来，培养学生对英语的兴趣，提高学生的英语学习能力，加强学生对英语知识的理解，从而促进学生形成正确的人生观、价值观，以此确保学生的英语核心素养逐步提升。

（三）促进学生英语思维能力的提升

对于高校英语课堂教学而言，教师要进一步端正教学态度，重视培养学生的英语思维能力。培养学生的英语思维能力和问题处理能力是教学的主要目标之一，在此过程中，英语教师要围绕英语基础知识等方面，加强对学生的培养，使学生能充分运用自己的感悟能力和思维能力来理解英语知识的逻辑，强化学生对英语问题的思考、记忆、理解、创新等能力，促进英语课堂教学质量的提升。

（四）注重多样化的培养目标

教学理念和人才培养目标是学校教育的根基，对于英语课堂教学起到了积极的指导作用与促进作用。对于部分学校而言，其本身存在一定的不足，具体包括：第一，在软硬件设施部分存在不足；第二，在学生生源质量上存在一定的不足。对于此类学校而言，为了进一步提高英语课堂教学质量，需要做好以下工作，具体包括：找到准确的教学定位；根据英语课堂教学的需求，推进英语课堂教学的发展；完善英语课堂教学体系；满足学生的英语学习需求。

随着时代的进步，学生对于英语课堂教学的要求也进一步提高。在此背景下，学校要积极做好以下工作：遵循时代的发展规律；顺应市场需求；开展英语实践课程；端正教师的教学态度。

英语作为一门独立的学科，在一定程度上，具备一定的独特的发展方向。学校想要进一步引导更多的学生成为优秀的英语人才，促进学生英语核心素养的逐步发展，需要满足以下几个条件，具体包括：第一，与当今社会对英语课堂教学的需求接轨；第二，紧跟时代步伐；第三，侧重于培养创新的人才；第四，使学生符合社会需要；第五，进一步促进英语活动的开展。

在高校英语课堂教学中，需要进一步完成以下目标，具体包括：培养合格的英语人才；培养学生的英语核心素养；促进英语教学的逐步发展。随着对学生英语核心素养的不断探索，人才培养目标还需要在实践中不断完善，应始终以人才培养需求、学生发展为导向。在英语学科教学中，学校需要进一步加强对学生英语核心素养的培养。在互联网时代导向下的高校英语课堂教学中，在培养学生对英语知识的认识、引导学生对英语问题进行思考与探索的同时，要更加注重对学生英语精神的塑造，使其成为英语学习的积极引领者，逐步提升学生的英语思维能力与发展能力，以此促进英语教育的逐步发展。

三、国内高校英语必修课程设置情况

《大学英语课程教学要求》对高校英语必修课程的学时和学分没有做出明确的要求，但原则性地要求学校给予足够的学时和学分，并要求学校充分利用现代信息技术开发和建设各种基于计算机和网络的课程，保障学生自主学习，满足不同英语起点的学生的个性化学习需要和专业发展需要。调查研究表明，在我国高校普遍压缩学时、学分的形势下，高校英语必修课的学时、学分普遍减少，而且，部分学校减少高校英语必修课学时、学分的幅度还比较大。但高校英语作为一门必修课的地位没有动摇，高校英语教师在教学过程中越来越重视培养学生的英语综合应用能力和跨文化素养。

高校英语的课程类型主要以综合英语为主，以英语视听说为辅，重视听、说、读、写、译综合能力的培养。在开展以综合英语、英语视听说为主的课堂教学的同时，多数高校还根据《大学英语课程教学要求》关于“基于计算机和课堂的英语教学模式”的意见，加强高校英语网络自主学习中心的建设，保障学生课外可以进行基于网络的自主学习。不少高校还通过购置或自主开发高校英语学习系统，充分发挥高校英语网络自主学习中心的作用，比如，要求学生利用高校英语网络自主学习中心的设备和软件系统自主学习、训练英语口语和写作技能，并将学习进度情况和效果纳入期末考评体系。

四、国内高校英语选修课程设置情况

高校英语课程设置情况反映了高校英语教学主管部门和教育工作者的教学理念。近年来，在我国高校英语课程设置方面，高校英语教学界出现了两种完全不同的教学理念，一种是把高校英语当成一种专业来教的理念，另一种是坚持高校英语应当为学生专业学习服务的理念。

持上述第一种教学观念取向的学校，往往参照英语专业的课程设置和教学模式来开展高校英语教学，除了在基础阶段开设综合英语、英语视听说等必修课程外，还在提高阶段为学生开设各类以提升英语应用能力为目标的课程，例如，英语报刊选读、英语影视欣赏等。第二种教学理念认为高校英语应当为专业院系服务，培养学生用英语开展专业学习和研究的能力以及毕业后用英语从事某种涉外职业的能力。持这种观点的学校，在选修课程的设置方面各有千秋，但其教学观都落脚在专门用途英语（English for Specific Purposes，ESP）课程设置上，各校根据专业特色及发展定位开设各种各样的 ESP 课程。

截然不同的教学理念在高校英语教学改革中，重点反映在课程设置上。不同的教育观念取向必将影响高校英语教学改革的走向及发展，高校英语是采用以英语为专业的教学模式，还是坚持以英语为专业学习服务的教学模式，或者以某一种取向为主、兼顾另一种取向？对于上述问题的回答，每个学校都可能有不同的答案。

随着经济全球化、文化多元化、教育信息化、英语国际化的不断深入，随着我国基础教育水平的不断提升，以及高校学生英语水平的不断提高，全国高校也在不断深化英语教学改革，专门用途英语越来越受到重视。根据分类、分层次教学原则，学校围绕各自学科的专业特色和发展定位，在对英语必修课程设置进行改革、切实提高学生英语综合应用能力的同时，纷纷加强对专门用途英语选修课程的建设，重视通用英语（English for General Purposes，EGP）和专门用途英语之间的交叉融合，加大高校英语课程体系的建设力度，不断凝练和固化校本特色的课程体系，使其更好地服务于本校专业人才培养。

在高等教育国际化背景下，高校英语课程的重要性不言而喻。但随着我国高校本科人才培养计划的不断改革，特别是对学分、学时的大幅压缩，高校英语课程在全校通识教育必修课中的地位普遍被削弱，而与此同时，社会对高校英语教师提高教学水平、提升学生英语应用能力的预期却有增无减，这使高校英语教学改革面临着前所未有的压力与挑战。高校英语教学改革的关键还是教师。高校英语教师不仅要充分调动自身的积极性和主观能动性，而且要通过自己不懈的努力，尽可能争取管理者的理解和支持，最大限度地为学生的专业学习和个人发展服务。这也是我们开展高校英语课堂教学研究的根本原因所在。

第二节　教学方法

一、培养学生英语核心素养的方法

在新时期高校英语课堂中，对于学生英语核心素养的培养是课堂教学的重要内容之一，具有重要的价值与作用。倘若教师不积极关注对学生英语核心素养的培育，那么学生对英语知识的学习能力与理解能力必定不会有较快的发展与提升，也难以取得良好的英语学习效果。对于教学而言，这是百害而无一利的。因此教师一定要多多关注对学生英语核心素养的培育，促进学生的全面进步与不断发展，激发学生对英语学习的兴趣。对于互联网时代导向下的高校英语课堂教学而言，所谓的英语核心素养，从本质上来说，可以等同于日常教育中教师经常提及的“英语学习能力”，这是学生在英语课堂教学中的发展基础与保障。

从先天的角度来说，不同学生对于英语知识的理解是不同的，有的学生对于英语知识的理解天生就要强一些，而部分学生对于英语知识的理解天生就要弱一些。在英语学习过程中，学生的核心素养不同，往往会导致不同的英语学习效果，从而影响英语课程教学。对于教师而言，想要逐步培养学生的英语核心素养，需要积极采取以下两个措施。

第一，从学生的感性方面进行有效培养，引导学生多思考，以此来进一步提高学生的英语学习能力。

第二，教师要积极开展英语学习活动，为学生创设更多的英语学习机会，从而进一步提高学生的英语核心素养，促使学生逐步成长为优秀的英语人才，以此夯实互联网时代导向下高校英语课堂教学的质量，促进高校英语人才的创新培养。

二、高校英语教学方法

（一）合作学习教学法

目前，在我国大学英语教学中，教师经常运用合作学习教学法，其教学效果较为明显。合作学习教学法在教学实践中的应用和普及是教学理念更新的重要体现。美国语言学家乔姆斯基曾提出要注重语言的交际功能，其语言交际思想为合作学习教学理念的应用奠定了坚实基础。

合作学习教学法对教学组织形式的要求十分严格，教师应注重语言的表达方式和技巧，并且对合作学习内容进行明确规定。经过多年发展，合作学习教学法得到了不断完善。在新时代背景下，培养学生的学科素养、促使学生养成英语思维能力成为教师的教学重点。在相关教学理论的支撑下，合作学习教学方法获得升级，更加注重对学生沟通交流能力和自我表达能力的培养。

此外，合作学习教学法对分组方式进行了优化，重视学生之间能力的搭配，通过学生之间的沟通与交流完成具体的教学计划，这一教学法与目前新课改的教学理念一致，是推动学生核心素养形成的重要因素。

（二）自主学习教学法

1981 年，语言学家霍莱茨首次将自主学习概念引入语言学习中，提出自主学习包括学生自我负责管理语言学习目标、确定学习内容和进度、选择学习方法和技巧、监控学习过程和自我评估学习效果。自主学习理念自提出以来就备受关注。在以往的大学英语教学中，自主学习教学法尚未普及，教学方法仍然以教师授课为主，教师引导学生完成具体的学习任务，学生的自主创新能力未能得到有效发掘，不利于大学英语教学效率的提高。自主学习教学法的普及是一个长期的过程，学生需要在日常学习中不断进行自我管理、总结和完善，通过自我监督的方式，提升学习效果。目前，自主学习教学法的应用十分普遍，大学英语教学理念也更加丰富，为学生的全面发展提供了重要保障。

（三）多媒体教学法

在当前信息化时代，教育信息化的发展趋势也更加明显。《国家中长期教育改革和发展规划纲要（2010—2020年）》中明确指出："信息技术对教育发展改革具有革命性影响，必须予以高度重视。"因此，在高校英语教学中引入多媒体技术也是顺应教育信息化发展趋势的必然选择。相较于传统的教学模式，多媒体教学可通过图片、视频、flash动画等方式表达教学内容，同时打破了教学在时间与空间上的局限，为学生的自主学习提供了更具吸引力的课程资源。

1. 多媒体教学概念

多媒体教学主要是指教师在教学实践的过程之中，着眼于教学对象以及教学目标的实施特点，充分利用现代教学媒体与学生进行交流以及互动。教师需要以对教学全过程的分析为切入点，构建完善的教学过程结构，真正实现教学效果的最优化。英语这门学科的学习难度偏高，对学生的语言学习能力提出了一定的要求。在学习这门专业时教师必须要以对科目重点的分析以及研究为依据，关注学生在自主学习过程中的真实情况。教师需要给予学生有针对性的辅导，了解多媒体教学的核心要求，保证学生能够突破重点、攻克难点，进而避免传统教学模式所带来的负面影响。

2. 多媒体教学法的具体应用

（1）利用多媒体技术，引导学生自主学习

随着现代教育技术的不断发展，多媒体教学的形式也更加丰富。学生依托多媒体技术能够主动展开学习，进而提升其自主学习的能力。基于此，在高校英语教学中，教师应结合教学实践的不同环节，为学生提供自主学习的空间，指导学生在实践中发展自主学习能力。

在课前自学环节，教师应根据英语教学大纲设计教学目标，利用多媒体形式呈现教学内容，凸显学习的重难点，然后将课程资源上传至平台，作为学生自主学习的依据；学生基于课前学习的需要下载、接收课程资源，并按照课程任务要求自主安排学习过程，完成课前自学任务。

在课堂教学中，教师利用多媒体技术为学生呈现英语学习内容。一方面回顾学生的课前学习内容；另一方面为学生的进一步探索提供支持，促使学生自主展开课堂学习并提出问题。在课堂教学中，师生之间、学生之间可以基于多媒体教学过程进行讨论，教师根据学生的学习需要给予点拨和指导，让学生在课堂上可以更好地利用多媒体技术完成学习突破。

在课后拓展中，教师可以针对学生的学习反馈，提供多媒体课程资源，再一次调动学生的学习自主性，拓展他们独立开展英语学习的能力。

这样的教学设计将多媒体技术融入了教学实践的全过程之中，学生在多媒体技术的支持下获得了自主学习的机会，并在不断训练与巩固中提升了自主学习能力。

（2）利用多媒体技术，创设不同的学习情境

在教育教学过程中，任何一门教学活动的开展都应当以学生为核心，并依据学生的兴趣和实际需求组织教学活动，以调动学生的学习积极性，使学生在与教师进行互动时乐于表达自己的观点和想法，进而主动完成教师布置的各种任务。在课堂教学中，多媒体设备的合理运用可以在第一时间吸引学生的注意力，使学生产生内在的学习动力，进而实现个性化的成长及发展。教师可以利用多媒体来创设不同的学习情境，关注学生的兴趣所在，了解学生的学习能力以及学习成长规律，并以此来进行针对性的调整。

传统理念下的高校英语课堂以理论知识的讲解为主，没有考虑学生的个性化成长和实际需求，课堂教学效率偏低，课堂气氛非常沉闷和消极，学生的学习积极性也受到了极大的打击，长此以往就会出现消极应对的情绪以及负面心理。对此，教师可以重新调整教学思路，其中多媒体教学工具的应用则显得非常关键。

多媒体教学能够丰富教学内容及教学形式，形象直观地呈现不同的知识点，使学生对各个不同的知识点产生深度的感知和体会，进而产生自主学习的动力，在个人学习兴趣的指导之下主动与教师进行互动和沟通。英语教师需要关注不同的细节要素，将多媒体课件的制作与情境的创设融为一体，让学生在身临其境的感知过程中产生更多的收获。不可否认，情境创设对降低学生的理解难度、提高学生的英语学习积极性等方面有着重要的作用和价值。为了避免学生在学习过程中出现消极情绪，教师需要深入分析学生的实际学习情况，并结合学生的年龄特点选择与学生日常生活关联较大的内容，构建真实情境，以吸引学生的注意力，使学生全身心地投入课程学习中。

（3）利用多媒体技术，丰富课程教学资源

在多媒体教学中，高校英语课程开发的途径更加丰富，教师可以通过对文字、图片、音频、视频等元素的整合，形成课程资源，作为学生自主学习的依据。

在开发英语课程资源的过程中，教师应注意提升自身的信息素养，并依托互

联网平台，为学生提供更有效的学习内容。例如，目前微课、慕课是多媒体教学中最为常见的教学资源，教师在教学实践中可以从“中国大学公开课”平台以及其他一些大学的在线教育平台上获取课程资源，并结合英语课程教学的需要，有计划地将其融入课程之中，让学生能够打破教材、教辅资料等资源的局限，从更加多元的角度获得学习资源。此外，教师还应加强自主开发能力，即依托学校的互联网教学平台开发优质课程，并结合多媒体教学的特点不断完善。例如，教师在设计多媒体课件的过程中应注重内容的交互性，突破“以计算机为中心”的局限，让学生能够在多媒体课件中获得与教师互动的机会。

从多媒体教学实践来看，丰富的课程资源可以使学生打破英语学习的局限，从形式多样、内容生动的课件中获得学习材料，并依托互联网平台形成互动学习，提升自主学习能力。基于此，教育工作者在英语课程资源开发过程中应不断探索，利用互联网平台的优势，为学生提供丰富、多元的课程内容。

（4）利用多媒体技术，直观展示知识点

英语学习的难度相对偏高，对学生的逻辑思维能力以及思维水平来说是一个较大的挑战，英语教师需要关注学生在英语学习过程中的真实情况，利用多媒体来直观展示整个知识点，帮助学生构建完善的逻辑思维框架。传统的英语教学所涉及的内容比较简单，无法充分地彰显教学媒体的作用，教师往往直接以简单的课文讲述和黑板板书为核心进行教学。教师在板书的过程中需要占用大量的教学时间，导致课堂教学效率较低，学生对知识点之间的联系了解较少，难以实现举一反三和学以致用。

对此，教师可以着眼于多媒体工具的使用，并在教学时播放一些视频、音频，以激发学生的学习兴趣，进而使学生在课堂教学过程中实现个人的良性成长及发展。教师需要在课前做好充分的准备工作，利用演示文档制作课件，将课件的播放与学生的基础知识学习融为一体，让学生在个性化成长与发展的过程中得到更多的收获。

（5）利用多媒体技术，引导线上互动交流

在当前教育信息化的背景下，线上互动学习已经成为一种重要的学习方式。在多媒体教学中，线上互动也成为师生之间、生生之间交流和学习的一种途径。线上互动交流的方式有很多，例如，教师可以利用社交平台为学生提供集中线上学习的空间，并利用虚拟课堂的形式引导学生参与线上互动学习；教师可以引导学生拓展学习范围，利用在线英语学习平台，使学生能够与线上名师、学者以及其他用户进行沟通、交流；教师还可以将课堂学习与线上学习相融合，引导学生以独立学习或者小组学习的方式进行线上沟通，以拓展学习的空间。

在多媒体教学实践中，教师利用多元化信息资源为学生提供线上互动的机会，引导学生沟通交流、合作学习，以弥补课堂教学中的不足，促进英语教学在线上的不断延伸。例如，在“口语交际”的教学设计中，教师在课堂上组织学生进行分组练习，围绕话题设计对话，完成口语训练任务；在课下互动学习中，教师基于课堂内容进行适当延伸，引导各组学生通过建立微信群的方式展开交流，进行口语练习，并交流口语学习经验，在提升合作学习效果的同时，也加强了学习小组的凝聚力。

总之，在多媒体教学中，在线互动打破了时空的界限，为学生在更广阔范围内的互动交流提供了机会，促进了学生英语学习的不断拓展和深化。

（四）线上教学法

在疫情的影响下，“停课不停教、停课不停学”的线上教学革命迅速开展起来。疫情当前，如何做好“停课不停教、停课不停学”是高校英语教学面临的一个重大考验。高校教师应该共克时艰，共同探索教学新模式、学习运用新技术、制订新的教学方案，有序开展线上教学，火速上线做“主播”。

线上教学的特殊性使教师无法对学生的学习进行及时有效的监督和检查，但是教师可以灵活运用线上教学平台的各项性能及时掌握学生动态，如通过在线抢答、随机点名、手机摇一摇等提高学生的学习积极性。教师可以组织有效的线上课堂讨论，激发学生的学习主体意识，如利用网上授课平台的讨论区发起一个和课程相关的话题，通过加分鼓励每位学生都参与话题的讨论。另外，教师也可利用课后答疑区、课堂交流区、综合讨论区等模块，随时与学生进行学术交流。

1. 线上教学评价

新课堂教学模式的中心已经由以教材为中心、以教师为中心转向了以学生发展为中心，所以教师对学生课堂上的学习评价也应从注重学生获取知识的多少转向发展性评价，这就需要采用即时评价与延时评价相结合的评价方法。由于在线上英语教学中，教师看不到屏幕前的学生在做什么，不了解他们有什么想法，所以教师更应注重课堂评价，以激励学生课上认真学习，帮助学生认识自我、建立信心，并引导学生充分利用课下时间进行预习、巩固。

（1）即时评价

即时评价可分为口头评价和体态评价。口头评价是指在课堂上，教师通过语言对学生的学习行为进行肯定或否定评价，使学生心理上产生成功或反思的体验。

这种评价方式具有起点低、目标小、反馈快的特点，学生最感兴趣，也最容易接受，具有立竿见影的效果。体态评价指教师用自己的目光、动作、表情等对学生的课堂行为表达出信任、鼓励和赞赏的信息或制止某些不得当的课堂行为。此种评价方法不是很适合线上英语教学，虽然在线上英语教学中师生可以互相看见对方，但是隔着屏幕，学生无法准确感知教师的体态是针对哪个学生的。

（2）延时评价

延时评价指教师在学生做出一件事或说出一种想法后，不急于评价，而是让其处于一种自然发展的状态。此种评价方式有利于培养学生的发散思维、创新意识，有利于创设一种轻松、自由、民主的学习气氛。

（3）过程性评价

过程性评价注重对学生参与学习过程的评价，而不是只看重结果。教师应加大学生平时成绩的比例，如占总成绩的 40% 或 50%，从而促使学生在课堂上认真听讲、积极互动，保质保量完成课后作业。教师可以当堂或每周对学生进行知识测试，测试形式可多样化，如采用听写、线上小测、话题讨论、小组录视频对话等方式。教师还可以组织学生对自己的教学进行评价，虚心听取学生意见，及时调整教学进度、教学方法、教学侧重点等，以便更好地改进教学。

2. 线上英语教学的问题和挑战

第一，少数学生课堂参与度低，学习积极性不高。

第二，线上教学受网络的影响较大，网络卡顿现象偶尔发生，因此会稍微占用一部分课堂时间，课堂教学的连续性会受到影响。

第三，在线上教学过程中教师无法对学生的学习进程进行有效监督，因此不能很好地保证学生的学习状态和学习效率。

第四，线上教学因为无法面对面进行，课堂活动（比如小组活动）的灵活性会受到一定影响。

3. 线上英语教学的整改措施

第一，教师可以通过教学平台、软件发起抢答，或用手机摇一摇随机选人回答问题，并进行额外加分奖励。

第二，教师要在课前提前准备好预案，多平台转换以解决某一平台卡顿的问题，例如视频直播平台网络卡顿，可以切换至微信或者 QQ 等非直播平台，减轻网络压力。

第三，教师上课随时提问，监督学生的学习状况，并且要求学生在课上记笔记，课下 30 分钟内提交笔记，检查课上学习效果。同时布置课下作业，要求学生在完成之后拍照上传，教师即可判断学生的学习情况。

第四，建议取消线上教学的小组活动，将小组活动安排在课下进行，将课堂讨论改为在线集体讨论。这样可以使所有学生都参与进讨论中，提高他们的学习积极性。

由于线上授课资源极其丰富，线上授课进度会比线下慢，教师应合理安排教学环节，科学安排课堂内容，实现教学方式多样化。

随着信息技术在高等院校教育教学范围内的普遍使用，高等院校教育教学发生了巨大的变革。教育人士更多地关注信息技术与课程融合的相关问题，将其作为培育学生创新思维和实践技能的关键措施。信息技术与课程的整合要求教师在教育教学过程中，充分运用信息技术和资源，变革讲授的方式和学习的方法，最后实现利用信息技术提高学生学习效率的目标。

第三章　新时期英语教学模式

在新时期教学环境下，由于受到多方面因素的影响，如信息技术融入高校教学等，高校英语教学模式也发生了一定的变化。本章主要从教学模式的含义、新时期英语教学模式两方面展开深入论述。

第一节　教学模式的含义

教学模式与教学法、教学方法不同，它们是属于不同层次的概念，而且从教学法、教学模式、教学方法这个顺序来看，其涉及范围是由大到小的，概念内涵是由宏观到微观的。国内外教育教学界依据不同的出发点，给出的教学模式的界定也是多样化的。通过查阅文献，笔者整理出关于教学模式含义的几点内容。

第一，教学模式强调教育理论、教育思想的地位和作用，包括教学结构、方法、策略等多种不同于纯理论的内容。但是要清楚，教育模式本身并不能用来指导和组织教学，它不属于设计组织教学的理论，而是理论的下位概念。

第二，教学模式不能与教学计划相提并论，它是在当前技术条件下协助教学的模式，而计划是体现教学模式实际操作的外在表现形式，具有一定的长远性。

第三，教学模式的形成有两种方式：可以直接概括教学实践经验；也可以先根据一定的理论提出假设，然后在实践中逐步完善。

总而言之，教学模式的本质内涵是依据相关的教学理论形成稳固的教学活动程序和框架。

第二节　新时期英语主要教学模式

一、移动化教学模式

在经济全球化趋势日益加深的背景下，我国对跨文化交际人才的需求大幅度增加，这对大学英语教学提出了更高的要求。为了培养出高素质的应用型外语人才，大学英语教学应引入更加多元化的教学模式和方法，注重学生听说能力的培养。在“互联网 +”环境下，将现代化信息技术引入课堂教学中可以为学生提供良好的语言学习环境。因此探讨基于移动信息技术的大学英语移动化教学模式具有积极意义。

（一）移动教学简述

1. 移动学习的发展

移动学习是一种在移动计算设备帮助下能够在任何时间、任何地点发生的学习。这种学习方式对移动计算设备的性能有着较高的要求，即移动计算设备必须能够将学习内容完整清晰地呈现出来，且能够支撑教师和学生之间的双向交流。相较于传统的学习模式以及当前的网络学习，移动学习最大的特点就是突破了时间和空间的限制，使学生们可以随时随地以不同的方式开展学习活动。

根据爱尔兰教育技术专家基更的论文《从远程学习到电子学习再到移动学习》，在未来，随着移动学习的不断发展，将会形成独立于远程教育大学以及网络大学的移动大学。由此可见，移动学习是一种极具发展前景的学习模式，将成为未来学习不可或缺的一部分。目前，欧美发达国家关于移动学习的实践和研究较多，且取得了一定的成绩，逐步将其应用到了教育的许多层面，包括中小学教育、职业教育、高等教育等。经过十几年的探索，我国在移动学习实践和推广方面也取得了一定的理论成果和经验积累，目前正处于移动学习平台和环境建设、学习资源开发整合以及服务建设阶段。

2. 移动化教学的含义

移动化教学的核心要素是移动性，从技术层面来讲，是将 PDA、移动电话等技术和教学活动相融合，借助无线设备进行教学内容的传递，以此实现移动化教学。移动化教学是远程教学的一种形式，相较于传统教学，它对时间和空间的限制相对较少，学习者可以不在固定、预先设定的位置开展学习活动，可以通过移动设备接收最新的信息，因此，教学效率和有效性都将获得大幅度的提升。

移动化教学的实施需要一定的系统环境条件的支持，一般情况下，移动化教学系统主要由三部分构成，分别是移动化教学终端、移动化教学平台以及移动化教学内容。其中移动化教学终端是指学习者所使用的终端设备，现阶段比较常见的类型包括智能手机、平板电脑、笔记本电脑等，其与移动互联网相连接，可以从移动化教学平台上下载资源或是将资源上传到平台上。移动化教学平台则是能够提供教学信息和服务的软件系统，它可以对教学资源进行整合，能够满足学习者即时性的学习需求。移动化教学内容是根据学习者的需求而构建的专业性内容，因学科、学习者的特点而存在差异性。

3. 将移动化教学引入高校英语听说课堂教学的必要性

个性化学习是指基于学习者的个性特点和发展潜能，采取灵活、合适的方式满足其个性学习的需求。个性化学习突出了学习者的主体地位，体现了对学习者个性的尊重，符合素质教育的理念。在个性化学习中，学习者拥有较高的自主权，可以自行决定学习内容、把控学习进度、选择学习方式。英语听说是一项实践性和体验性相结合的语言技能，而不同学生所拥有的经验和基础水平也表现出差异性，因此不适合采用统一的教学模式，而应采用个性化学习方式，否则很容易导致一些基础差的学生失去学习兴趣和动力。而移动化教学正好满足学生们开展个性化学习的要求，适合引入高校英语听说教学中。

推动移动化教学和个性化学习的结合可以给予学生充分的自主权，助力其自主学习能力的培养。教师应基于学生的学习能力、兴趣以及需求为其提供多样化的学习资源；同时针对不同的个体，还应提供与之相适应的指导策略，遵循因材施教的原则；对于不同水平的学生，也应设置不同的学习要求，使他们能够真切地感受到学习取得的成果，获得成就感、巩固自信心。

但需注意的是，移动化教学的引入并不意味着将传统课堂教学抛弃。课堂作为教师授业解惑的重要场所，承担着知识传递、疑难解答、知识内化以及迁移应用等方面的功能，同时课堂也是师生交流和分享经验的场所。在英语听说课堂中，合理地采用问答、讨论、辩论等方式，可以使教师与学生体验到协作和沟通的乐趣，建立良好的师生关系。同时教师良好的言行举止也可以对学生产生潜移默化的良性影响，这些都是移动化教学无法实现的。

（二）移动化教学模式对大学英语教学的积极作用

经济全球化的浪潮席卷全球，经济发展对人才提出了新的要求，高素质、高水平的国际化综合人才供不应求。面对这一形势，大学英语教学改革势在必行。

移动学习是指学习者在移动设备的帮助下，可以在任何时间、地点展开学习活动。在大学英语教学中应用“课内 + 移动学习”模式，可以提升大学英语教学的有效性，对于大学英语教学的良性发展有着积极的促进作用，主要表现在以下几个方面。

一是“课内 + 移动学习”模式创新了大学英语教学形式，有利于打造多元化的英语课堂。

“课内 + 移动学习”是一种全新的教学形式，它冲破了传统课堂教学的框架，利用文字、音频、图像等创新了大学英语教学形式，一改以往沉闷枯燥的教学氛围，打造出多元化的英语课堂，不断拓展大学英语教学的广度和深度，有利于优化大学英语教学质量，提升高等院校的办学水平和办学层次。

二是“课内 + 移动学习”模式重新激发了学生对英语的学习热情，提高了学生的自主学习能力。

“课内 + 移动学习”模式在大学英语教学中的应用，可以有效利用学生对多媒体信息设备的好奇心和探索欲，科学地激发他们对英语的学习兴趣，让他们在“兴趣”这位教师的带领下，尽情遨游在英语的海洋里，习得英语相关知识和技能，提高自主学习能力，实现综合发展。

另外，“课内 + 移动学习”模式借助大数据搜索，可以为学生学习英语提供极大的便利，使他们快速获得学习资料，提高他们的学习效率，提升大学英语教学效果。

三是“课内 + 移动学习”模式为其他教育领域的变革提供了新思路，为教育改革添砖加瓦。

目前，各个学科都在探索现代化教育改革的途径。“课内 + 移动学习”模式在英语教学中的应用，给其他学科的教学提供了新思路、新途径，可以让其他学科借鉴英语教学的优势与长处，同时规避不足与缺陷，顺利与互联网信息技术接轨，实现自身的现代化进程，推动教育事业的蓬勃发展。

（三）移动化教学模式在大学英语课堂教学中的应用

1. 移动化教学模式在大学英语听说课堂教学中的应用形式

在大学英语听说课堂教学中，移动化教学模式有以下几种比较常见的形式。

第一，将移动技术作为支持技术，即将移动技术和传统的听说教学相结合，对教学环境进行创新，调动学生的参与积极性，增强教学效果。将移动技术作为教学支持技术可以打通课内课外，使学生课内外的学习活动形成有效衔接。

第二，进行课内外深层次整合。现阶段我国大学英语教学模式主要有课内教学和课外教学两种，多媒体和传统教学融合是现今课内教学最常见的方式，而移动化教学则可以同时覆盖课内和课外。在课内，学生可以利用移动终端对英语听说难点进行记录和查询；在课外，移动技术发挥的作用更加显著，可以支持学生自主学习，帮助学生拓展知识面、强化学习深度。

第三，利用情境连通课堂内外。利用移动技术可以创设大学英语听说教学情境，推动教学活动的深入。在移动环境下，学生和教师可以在互联网环境下通过服务器和网络接口实现移动终端设备的相互连接，实现移动化教学。

2. 基于移动化教学模式的大学英语课堂教学设计

基于移动化教学模式的大学英语听说课堂教学设计主要分为三大阶段。

（1）课堂准备阶段

学生可以以移动的方式进行预先学习，提前接触课堂中需要学习的知识信息，熟悉其重点、要点，为课堂教学奠定基础。在该阶段，教师的任务是根据课堂教学主体对相关知识资料进行采集整理，并通过移动化教学平台发送给学生。学生的任务则是对教师提供的资料进行学习。为了提高教学的针对性，教师所搜集的学习资料应与英语听说紧密相关，如英语新闻、英语电影片段等，这类资料比干巴巴的文字材料更容易激发学生的学习兴趣。学生要将预习效果通过移动化教学平台及时反馈给教师，使教师了解学生对学习资料的把握程度，并据此对课堂教学设计进行优化。

（2）课内教学阶段

教师可以利用移动技术对英语听说资料进行整合，根据学生的实际情况借助多媒体技术创建教学情境，使教学呈现方式变得更加生动、灵活。在教学过程中，教师应根据学生的学习情况适当地使用移动设备，增强教学效果。教师应始终将学生摆放在教学的核心位置，以学生的需求为基准，根据移动技术和多媒体技术的特点，通过智能手机、平板电脑等终端设备向学生传输学习素材，利用互联网进行词汇查询、课堂录音、原文跟读等活动，根据教学软件反馈的数据了解学生的学习情况，把握难点，有针对性地对学生进行指导。

（3）课后拓展阶段

教师和学生通过移动终端以及移动化教学平台进行组织连接，进行深层次的拓展认知和演练，加深学生对语言知识的理解。大学听说教学的目标是培养学生的语言综合能力。基于移动技术，教师对学生进行课后指导，有针对性地布置课后练习任务，通过移动平台跟踪观察学生的完成情况。移动技术可以为学生创建更广阔的学习空间，通过信息查询任务、集体决策任务等形式进行信息分解，基于听说练习完成信息沟通，实现共同提升。移动终端设备所具有的录音功能可以帮助学生对关键部分进行记录。

（四）移动化教学模式在应用中存在的问题

第一，传统教学模式的影响深远，“课内 + 移动学习”模式的宣传力度不足。“课内 + 移动学习”模式在我国教育领域的应用时间较短，相关部门在建设移动学习模式时缺乏规范性的引导，相关的体制机制不够完善，所以大部分大学仍然沿用传统的灌溉式教学模式。因此，多数大学英语教师在采用“课内 + 移动学习”模式时，不会深究移动学习的本质和内涵，也不会开展具有学科特色的移动教学活动，导致大学英语移动教学形式流于表面，甚至使英语课堂丧失了其教育功能，更不用谈培养出与国际接轨的人才，这大大降低了大学英语教学的效果。

此外，大学对“课内 + 移动学习”模式的宣传力度不足。绝大多数学校会设定教学任务，让教师仔细研读最新的教育政策，希望可以督促教师不断与时俱进，开展具有时代特征的教学活动。但是，学校往往忽略了学生的学习主体地位，不注重向他们宣传新型教育理念和教学模式，导致绝大多数大学生只是被动地接受教师的理念，这在一定程度上束缚了学生的思维，延缓了“课内 + 移动学习”模式在大学英语教学中的应用进程。

第二，教师自身的互联网信息技术知识不足，不能合理把控英语移动课堂的尺度。大学生承担着建设国家和社会的重任，这就意味着大学英语教学必须贴合学生的实际情况，满足学生自身发展的需求，实现他们的个性化发展。然而，目前大学英语教师在设计教学规划时，由于自身互联网信息技术水平不过关，设计的教学活动往往会脱离学生的实际情况。教师不能根据大学生的心理特点及性格特征改进英语教学策略，使得大学英语教学超出了学生的接受范围，无法从根本上激发学生对英语的学习欲望，提高大学英语教学质量更是无从谈起。

例如，在实际教学活动中，部分大学英语教师基于信任，会让学生观看一整节课的英语原文电影，不会给学生安排其他的教学任务，这种现状很容易导致调皮捣蛋的学生做些与教学活动无关的事情，根本无法达到预设的教学目的。

第三，学生对移动设备的认知存在偏差。移动学习设备包括手机、电子词典、平板电脑等，这些设备对学生有着天然的吸引力，是学生日常生活中必不可少的一部分。目前，随着娱乐活动的不断丰富，多数学生对移动设备的认知存在偏差。当代大学生一般将移动设备当成娱乐工具，并没有意识到移动设备对于学习的重要性。这种现象就很容易导致大学生不能使移动设备服务于日常学习活动，更不用提发挥移动设备的优势和作用来提升自己的英语能力和技能了。

（五）提升移动化教学模式有效性的策略

1. 完善移动化教学的软硬件设施配置

想要有序地推进高等院校英语移动化教学这一模式，大学应该重视英语这门课程，并为之投入相应的资金，用于完善移动化教学的软硬件设施配置。第一，在硬件方面，要铺设无线系统并且搭建覆盖全校的 WiFi 网络线路，为新时期环境下的高等院校英语移动化教学提供优质的网络环境。第二，在软件方面，综合分析本校英语专业的培养要求、英语教学目标等因素，以此架构英语移动化教学的平台、终端等，确保英语移动化教学的网络资源符合实际需求。在此过程中，英语教研室要通过研讨会、一对一交流等形式，在考虑学生英语基础和英语课程教学实际需要的前提下对 APP 学习软件、英语教学资源进行细致化的筛选，为新媒体环境下高等院校英语移动化教学取得更好的效果奠定基础。

2. 提升英语教师的专业素质

虽然新媒体技术的功能强大，但想要发挥其在高等院校英语移动化教学中的作用，还需要依赖英语教师。所以，英语教师应该提升自身应用新媒体技术的专业素质。为此，英语教研室应该采用以老带新和定期专题培训的方式，提高英语教师的移动化教学能力。关于专题培训，主要是围绕新媒体技术、新媒体技术与传统的多媒体技术的异同点、移动化教学的实施策略等安排模块化的培训内容，让英语教师对新媒体环境下的大学英语移动化教学模式有深入的认识和了解。关于以老带新，主要是邀请有经验的教师对新手教师进行指导，指导内容为“移动化教学模式的实施流程”“智能手机支持的移动化教学在听说（读写）教学中的运用”等，旨在让新手教师学会制订合理的方案，为其实施基于新媒体技术支持的大学英语移动化教学模式指明方向。以智能手机支持的移动化教学在读写教学中的运用为例，设计教学方案如下：教师指导学生下载词汇学习软件；要求学生完成当节课相关的单词学习、课文翻译这两项学习任务。在此期间，学生可通过班级群展开讨论，教师也可以借助 APP 随时随地进行指导。这样，通过有效的培训和指导，英语教师的专业素质就能得到提升。

3. 注重培养学生的移动学习技能

新媒体环境下大学英语移动化教学现状不理想，面对这一情况，学生作为重要参与者之一，也需要做出改变。在实际学习与生活中，新时代的大学生应该端正学习态度，将娱乐与学习区分开来，同时谨遵教师的教导，对手机、平板电脑等移动化教学工具展开深入研究，充分发挥移动设备的优势和作用，使其能够更好地服务于自己的学习；借此扩充自己的英语词汇量并提高专业技能，提高自己的核心竞争力，使自身能够紧跟社会与时代的发展步伐，成为国家和社会发展所需要的人才。

此外，学生要认识移动化教学的本质，掌握移动化教学的策略。具体来讲，学生要主动地去了解移动化教学是什么，明确在移动化教学中自身应该具备的能力，对英语移动化教学模式的过程有基本的认识。在此基础上，教师还要引导学生根据自身需求，通过各种渠道和途径去强化搜索能力、选择能力、交流能力等学习能力。这样一来，学生才能了解在英语移动化教学过程中分享、交流、探讨的方式，掌握使用移动化教学相关软件的技能。

二、翻转课堂教学模式

在新形势下，为了能够为社会培养出更多的高质量人才，国家已经将人才的培养及教育的地位提到了一个新高度。为了能够充分实现“请进来”和“走出去”这两个战略目标，英语作为必要的沟通工具和桥梁，起到了至关重要的作用。但就我国传统英语教学而言，普遍存在诸多问题和弊端，其中包括忽视了科学的学习规律、教学手段低效、教学评估方式不够合理以及教学方式陈旧单一等。鉴于此，在新时代背景下，为了能够与国家对人才的培养要求相适应，大学英语教学改革已经刻不容缓。虽然越来越多的教学改革模式在大学英语课堂中被广泛应用，但其中最受广大师生推崇的就是翻转课堂教学模式，该教学模式促进了师生、生生之间的互动。

（一）翻转课堂教学模式的基本概念

所谓翻转课堂，就是学者们说的颠倒课堂或者反转课堂。翻转课堂实际上就是结合教学大纲以及教材实际内容，将涉及的难点问题、重点问题以及要点问题提前以视频的方式为学生呈现出来，使学生能够提前对教学视频进行反复观看和学习，从而对新课程有所了解，再自主进行在线知识测试，从而初步对新知识的有一定了解。在这一过程中，学生通过自主学习能够将自己对于新知识的疑虑、想法以及问题在课前详细记录下来，在教学课堂中带着问题学习，并与教师和同学一同进行讨论和学习。

（二）翻转课堂教学模式的优势

1. 更加倡导互动，有效拉近师生、生生关系

通常情况下，在我国传统教学模式中，教师可谓是整个教学课堂的权威和主宰，学生只是一味地接受教师讲授的知识，并没有主动参与其中；即使学生在课堂中提出了问题也很难及时得到有效解决，因此师生间存在很大的隔阂，关系也并不十分亲近，学生与教师之间存在距离感。长此以往，学生对英语的学习兴趣也会逐渐下降，学习效率也会止步不前，师生间的关系也无法得到缓和。但翻转课堂教学模式更加倡导师生间的互动，因此有助于进一步拉近师生间的关系，使师生可以如同朋友般相处。

2. 先学后教，提升学生自主学习的能力和意识

传统的大学英语教学通常采用“先教后学”的教学方式，即先由教师基于教学大纲对教材知识进行详细讲解，在讲课的过程中让学生被动地吸收。但若学生对学习具有一定的自主性，则会在课前进行相应的预习工作，大致对所学课程有所了解，在课后再对知识进行简单梳理，同时对知识进行复习和吸收。但大部分学生并不具备较强的自主学习性，且普遍对英语课程不重视，因此既可以做到课前预习又能够做到课后复习的学生寥寥无几。这也正是大部分学生在课堂教学中跟不上教师节奏的首要原因。但翻转课堂教学模式属于“先学后教”，即学生首先需要合理地安排自己的学习时间，并自主选择更为合适的学习方式，通过观看视频对新课程进行简单了解，并在对课程进行初步学习后将遇到的问题记录下来；教师再通过课堂教学进行讲解，从而使学生能够更有目的性、针对性地进行学习，如此一来则可做到事半功倍。

3. 有助于打破传统教育垄断局面，使教育更公平

我们不得不承认的是，就目前的情况来看，在不同的时代和不同的区域，教学资源的差异性十分显著，在教学资源的分配上也存在着不公平的现象。实际上，我国传统教学模式很容易受到诸多因素的影响，包括教师的个人素质、学校所在地域以及教师的教学水平等，因此各地区间的教学资源很难实现传递和共享。该情况对于部分区域的学生来说十分不公平。但应用翻转课堂教学模式有助于实现教育资源的共享，使教学资源有限地区的学生也可通过网络观看视频，从而打破传统教育的垄断局面，使教育更为公平。

（三）翻转课堂在大学英语教学中的应用研究

1. 从发文数量看翻转课堂

翻转课堂引进我国后，短短几年时间就在国内形成了较大的影响力。从 2013 年起至 2019 年，国内共发表翻转课堂在大学英语教学中的应用的相关期刊论文 2204 篇，其中核心期刊文章只有 82 篇。由此可见，近年来此类研究在国内一直活跃发展并逐步走向成熟，但是总体研究水平不高，高水平的文章较少。

2. 从文献研究方法看翻转课堂

经过统计得出翻转课堂在大学英语教学中的运用以实验验证法为主，占 40%，其次是文献研究法以及案例分析法，各占 38% 和 16%。国内对翻转课堂的研究大多聚焦于介绍翻转课堂的概念、教学理念以及探讨翻转课堂对目前大学英语教学的积极影响等。另外，比较研究法的运用较少，仅占所统计文献研究方法的 6%。

3. 从研究主题看翻转课堂

通过对文献进行归纳总结，笔者得出我国关于翻转课堂的研究主题主要有以下六个维度。

（1）具体实施研究

一些研究者从大学英语的不同课型入手来进行研究分析，如视听课、口语课、阅读课。例如，我国学者王林海以非英语专业的学生为实验对象，对 CDIO（构思、设计、实现和运作）理念下的口语翻转课堂教学模式进行实证性研究。研究发现，CDIO 理念下的口语翻转课堂效果显著。CDIO 教育理念不仅使大学口语教学达到事半功倍的效果，还能为口语教学注入新的活力。在阅读课方面，我国学者肖晗和陈达详细设计了一套较为完整的教学模式，即课前知识传递，包括自主学习视频和完成教师布置的任务；课堂知识内化，包括进行有针对性的深度阅读、课堂讨论；课后拓展阅读，包括增加阅读训练和师生进行教学评价。此外，学生之间的相互交流有助于促进学生对知识的吸收，使他们的主体性得到充分体现，极大地提高了课堂学习效率。

（2）基本理论研究

关于翻转课堂在大学英语教学中的应用研究，很多聚焦在翻转课堂的概念、发展、理论基础、可行性分析以及优势上。在翻转课堂的理论研究中，值得一提的是，我国学者尹玮和张凯创造性地从认知心理这一角度来研究大学英语翻转课堂。文章结合认知负荷、知识内化、输入输出理论和深度学习理论，从认知视角对翻转课堂进行理论回溯，设计出符合认知规律的教学路径，并结合该路径对大学英语教学提出建议。

（3）评价与反思研究

每个研究领域都需要对其实施过程进行评价和反思，翻转课堂研究也是如此。国内研究者对评价与反思的关注较少，仅占总文献的 15%。这部分的研究主要涉及以下三方面，即教学环境、教师接受度以及学生满意度。首先是教学环境，我国学者罗莎和胡世清认为课堂环境与学生的学习效果息息相关，因此建立了包含三个维度、三个要素、十二个指标的翻转课堂环境评价体系。这一研究有助于实现翻转课堂的教学目标，促进翻转课堂的深入发展，并为教学评价提供参照和新的视角。其次，在教师接受度方面，我国学者张艳和许竹君采用问卷调查的方式得出教师对翻转课堂的本质、教师角色、课堂活动等有比较明确的认识且对这种教学模式持积极态度。但由于缺乏教学技术和资源，教师普遍感到疲惫。最后，在学生满意度方面，我国学者高照和李京南用问卷调查法和半结构化访谈对 30 多个专业的高级读写课进行了翻转课堂教学研究，发现翻转课堂中的学习者表现出更焦虑的状态。从学习者的类型来看，英语水平与焦虑度呈负相关，即成绩越好的学生焦虑度越低。从学习动机来看，工具性学习者明显比融入性学习者更焦虑。

（4）师生角色研究

在现有文献中，探究翻转课堂对师生角色的要求、挑战、影响类的文献很少，经过统计，仅占 5%。这类研究可分为两大类：一类是对教师角色的研究，包括教师角色和教师素养。我国学者程云艳提出翻转课堂教学模式对教师来说，既是机遇也是挑战。教师已经不是权威的知识源，网络已经成了学生们的知识外存空间，但教师也不能失去对教学的控制权。对于教师来说，程云艳认为教师要转变为导学者、助学者、促学者、评学者。另一类是对学生角色的研究，从文献中发现国内研究者强调，实施翻转课堂首先要培养学生的自主学习能力。例如，刘正喜和吴千惠设计了一套翻转课堂相关的教学流程，计划从自我管理学习能力、自主学习心理和学习行为几方面来培养学生的自主学习能力。

（5）设计与开发研究

国内有不少学者对翻转课堂的设计与开发进行了研究，自 2013 年来共有 18 篇相关文献。大部分开发与设计研究的焦点在 MOOC、微课、SPOC 等新兴教育手段上。还有少量研究者依托新兴的电子学档系统、VR、社交平台以及社团体系来辅助翻转课堂教学。

（6）国内外对比研究

研究者对于国内外翻转课堂的对比研究占总文献的 4%，主要是对比中美翻转课堂的差异。例如，我国学者王欣从教学结构、教学活动、教学条件和教学评价等方面入手分析中美翻转课堂的差异，并从教育理念、教育模式、教学方法、考核形式、教学师资等方面提出对我国教学改革的建议。

（四）提升翻转课堂教学有效性的策略

翻转课堂作为一种新型教学模式，通过突出学生主体地位、强化教师引导作用的方式，充分调动学生在课堂上的主动性，有利于学生学习能力的培养。因此，在英语教学中，教师可以采取以下策略来提升翻转课堂教学的有效性。

1. 做好课前准备，提高翻转课堂效率

在翻转课堂的实施过程中，针对课前准备，英语教师应当注意以下几方面。

（1）观念革新

英语教师应当充分理解翻转课堂的概念，明确翻转课堂的教学目标在于充分发挥学生的主观能动性，推动学生自主学习能力与合作学习能力的提升。

（2）立足学生实际

在实施翻转课堂教学前，英语教师应当对学生的学习现状和性格特点进行了解，在此基础上判断翻转课堂教学的可实施性，并结合学生实际对翻转课堂的教学内容、教学目标及教学策略进行适当的调整，以保证翻转课堂教学与学生具有较高的贴合度。

（3）课件制作

在互联网快速发展的背景下，多媒体的应用范围逐渐扩大。借助多媒体组织教学活动，能够有效增强教学内容的生动性，营造良好的教学氛围，为学生提升知识理解能力创造条件。

在翻转课堂的运用过程中，英语教师应当结合翻转课堂的特点，在制作课件时侧重于激发学生的学习兴趣、增强课堂的互动性，为充分发挥翻转课堂的作用创造条件。

2. 进行分组学习，融入多媒体技术

分组学习是翻转课堂的重要环节，能够强化学生在课堂上的主体地位，提升学生的学习主动性。针对分组学习，英语教师应当注意以下两方面。

（1）小组的划分

英语教师应当以学生的实际情况为依据划分小组，保证每个小组的平均水平相当，促进良性竞争关系的形成。同时，英语教师还应当引导学生结合实际明确自身在组内的角色定位，主要包括监督者、主导者及总结者等多个角色。这样能够充分发挥每个学生的主动性，避免过度依赖等问题的产生。

（2）多媒体技术的融入

在小组活动的过程中，英语教师可以借助多媒体技术营造良好的小组活动氛围，促进学生讨论兴趣的提高，为翻转课堂教学质量的提升提供保障。

3. 定位教学关系，完善翻转课堂教学

教学关系是翻转课堂最大的特色，在翻转课堂中，学生是课堂学习的主体，教师扮演着引导者的角色。因此，在应用翻转课堂的过程中，英语教师应当明确自身引导者的地位，通过给予学生充分的自学时间、讨论时间的方式，为他们自主学习能力和合作探究能力的提高创造条件。同时，在组织活动的过程中，英语教师应当重视自身的引导作用，带动每个学生真正参与到活动中，完善翻转课堂教学。

在素质教育的推动下，翻转课堂的教学价值逐渐凸显。对此，英语教师应当明晰翻转课堂的概念，明确教师与学生的教学关系，立足学生实际优化教学内容与教学活动，促进翻转课堂教学有效性的提高。

三、线上线下教学模式

（一）设计原则

1. 以学生为主

依托移动 APP，学生可以对教学中的重难点内容、教师多次强调的内容进行标记；在课堂教学阶段与课后反馈总结阶段，教师可以对学生的实际学习情况展开统计分析，从而达到优化教学策略、调整教学结构的效果。在实际的教学过程中，教师必须要秉承着“以学生为本”的原则，确定不同英语学习水平、能力的学生的英语学习现实需求，结合教学反馈完成教学规划，确保高校英语教学的展开与学生的实际学习情况高度匹配，满足学生的多样化学习要求。

2. 因材施教

在线上线下教学模式中，英语教师可以在移动 APP 内获取学生的在线教学活动参与程度的数据信息，结合学生在课堂教学、教学实践活动、随堂测试、课后习题作答等方面的参与情况，完成对学生当前英语学习能力、学习兴趣的判断。同时，可以参考学生的个体差异实施针对性教学，解答学生在英语学习中遇到的个性化问题，实现真正意义上的“因材施教”。

3. 线上线下结合

传统的教学模式单一性较强，无法适应当前高校英语教学的相关要求，特别是在多种学习 APP 盛行的今天，这种教学模式极为滞后，必须要进行优化改进。在线上线下教学模式中，在保留课堂教学优势的基础上引入了互联网线上教学模式，能够实现对传统教学模式中存在问题的有效规避。在教学实践中，教师在课堂教学的同时可以利用移动 APP 向学生实时发放测试题目或是教学资料，达到丰富教学内容的效果。同时，学生也能够在移动 APP 中实时反馈疑问，并获取教师的针对性解答，促使针对性教学成为现实，推动高校英语教学效率的提升。

（二）结构设计

1. 课前准备阶段

在展开实际的高校英语课堂教学前，教师需要在 APP 内发布微课视频、学习资源，并设置预习任务，让学生了解知识背景、教学重难点以及拓展知识点，引导学生展开预习，为后续教学内容与环节的高效展开提供支持。

2. 课堂教学阶段

在高校英语线上线下混合教学实践中，英语教师可以设置的教学活动如下所示。

第一，签到活动。在以往的高校英语教学中，教师需要消耗一定时间用于统计考勤，导致课堂时间的利用率降低。基于此，教师可以依托移动 APP 中的签到功能，发布在线签到任务，从而迅速、准确、自动完成学生出勤情况的统计。为了提升签到活动的趣味性，也为了避免代签等问题的发生，教师可以应用更为多样的签到方式，例如照片、位置、手势、二维码等，达到节约英语课堂教学时间的效果。

第二，选人与抢答活动。在移动 APP 的支持下，高校英语课堂教学中的选人与抢答活动形式得以更新，可以充分发挥出移动 APP 中的选人与抢答功能的作用。依托移动 APP，随机选人成为现实，在提升学生课堂注意力的同时，也达到了增强教学趣味性的效果。当遇到多人想要回答问题时，教师可以开启移动 APP 中的抢答功能，结合适当奖励，鼓励所有学生均参与进教学活动中。

第三，分组任务与主题讨论。在课堂教学前，教师可以设置一些开放性问题，让学生在课前收集、整理相关资料，展开思考，并以线上回帖的方式阐述自己的观点。当发现其他同学与自己的观点相一致时，学生可以进行点赞或评论。这样的方式能够进一步强化学生的思考能力与问题解决能力。在课堂教学中，教师可以引入分组讨论模式，讨论过程可以使用直播或录像的方式保存，为教师分析、了解学生的课堂教学活动参与情况提供支持，并达到提升学生英语听说能力的效果。

第四，投票与问卷活动。在移动 APP 的支持下，教师可以迅速组织投票或是问卷调查活动，以此确定学生对某项观点、某一问题的意见与思考，也能够了解到学生对当前高校英语课堂教学的满意程度，实现对教学方法的及时优化调整，提升学生对高校英语教学的满意度与认可程度，增强高校英语教学效果。

第五，测验。在教学实践中，教师可以依托移动 APP 随时向学生发放测验问题，切实了解学生对相关知识点的掌握程度。在此过程中，教师可提前在移动 APP 中输入测验试题，并设定发布时间，或是直接以手动控制的形式将测验试题在适当的时间段输送至学生端。此时，学生直接应用移动端对相应问题进行作答，并在提交后，由移动 APP 自动完成批改与评分，确保教师迅速、准确地掌握学生的学习情况。

3. 课后反馈总结阶段

完成高校英语课堂教学后，出于对学生知识点掌握情况的考量，教师需要在 APP 中发布学习任务，让学生利用课后时间自主完成。此时，移动 APP 能够以短信通知、系统通知等多种形式提示学生完成相应任务。

学生可以使用在移动 APP 内直接提交、应用电子邮件提交等形式完成学习任务的提交，由教师进行检查与评价。高校英语教师可以在 APP 内向学生不断推送多样性的学习资源，拓宽学生的眼界，引导学生更好地完成英语知识的积累。同时，教师可以利用移动 APP 内的群聊功能，有针对性地解决学生在实际的学习过程中所遇到的问题与困难，鼓励学生在课后展开自主学习、团队合作学习，以此强化学生独立分析问题与解决问题的能力，培养学生的沟通能力、合作能力。

四、微课教学模式

（一）微课的基本定义

在国内，随着微课实践的不断丰富和相关研究的逐步深化，人们对微课的认识也越来越深刻、全面，众多教育学界的专家学者、教育企业及教育行政部门都给出了“微课”一词的定义。

1. 胡铁生的定义

微课创始人胡铁生在 2011 年、2012 年、2013 年先后对微课的定义进行了完善。微课是指为使学习者的自主学习获得最佳效果，经过精心的信息化教学设计，以流媒体形式展示的围绕某个知识点或教学环节开展的简短、完整的教学活动。后又经过完善将定义改为，微课是以微型教学视频为载体，针对某个学科知识点（如重点、难点、疑点、考点等）或教学环节（如学习活动、主题、实验、任务等）而设计开发的一种情境化的、支持多种学习方式的新型在线网络视频课程。

胡铁生对微课的定义重点阐明了如下内容。

①形式——自主学习。

②目的——获得最佳效果。

③设计——精心的信息化教学设计。

④形式——流媒体，可以视频，可以动画等。

⑤内容——某个知识点或教学环节。

⑥时间——简短。

⑦本质——完整的教学活动。

2. 教育部教育管理信息中心的定义

微课的全称为“微型视频课程”，它是以教学视频为主要呈现方式，围绕学科知识点、例题习题、疑难问题、实验操作等进行的教学过程及相关资源的有机结合体。

3. 教育部全国高校教师网络培训中心的定义

微课是以视频为主要载体，记录教师围绕某个知识点或教学环节开展的简短、完整的教学活动。

4.“凤凰微课”的定义

微课是一个微小的课程教学应用，是一种以 5~10 分钟甚至更短时长为单位的微型课程。它以视频为主要载体，特别适宜与智能手机、平板电脑等移动设备相结合，为大众提供碎片移动化的网络学习新体验。

5. 焦建利的定义

微课是以阐述某一知识点为目标，以短小精悍的在线视频为表现形式，以学习或教学应用为目的的在线教学视频。

6. 黎加厚的定义

微课是指时间在 10 分钟以内，有明确的教学目标，内容短小，集中说明一个问题的小课程。

7. 郑小军的定义

微课是为支持翻转学习、混合学习、移动学习、碎片化学习等多种学习方式，以短小精悍的微型教学视频为主要载体，针对某个学科知识点或教学环节而精心设计开发的一种情境化、趣味性、可视化的数字化学习资源包。

8. 吴秉健的定义

为满足个性化学习差异的需要，以分享知识和技能为目的，师生都可以通过录制增强学习实境、实现语义互联的简短视频或动画（可附相关的学习任务清单和小测验等）制作微课。

通过比较，这些定义从本质上并无太大差异，只是在不同的语境下有不同的内涵。广义的“微课”一词可以囊括“微讲座”“微课程”“微课教学”三种含义。尽管“微课”的理念、形式和实践早已有之，但借助当代信息技术与通信技术，微课演变成为一种可普遍推广的教学行为，一种由普通教师而并非需要专业人士就可以设计、开发和记录优质教学资源的手段，并因此催生出多种基于微课的创新教学模式。

（二）微课产生的背景

“微时代”指人们以各种小巧便携的移动终端为载体，通过微博、微信等随时随地了解全球资讯的时代。在教育领域，微课正在开启教育的“微时代”。

随着移动通信技术、社交媒体的逐渐运用以及以开放、共享为理念的开放教育资源运动的蓬勃发展，微课作为一种重要的教育资源，日益成为教学模式改革的崭新尝试。

微课又称微型课程、微课程，是指时间控制在 10 分钟之内，有明确的教学目标和主题，内容短小精悍的视频小课程。微课内容“小而精”，能够有效解决教与学过程中的重点、难点，以一定的组织关系和独特的呈现方式营造主题式的单元“小环境”。微课不同于传统的单一资源类型的教学课例、教学课件、教学设计等，而是新型的教学资源。因此，微课能充分利用移动信息技术，切合信息时代学生的认知特点，让学生自由选择时间和空间对课堂教授内容进行深入学习，并且通过师生在线交流使教与学相互促进，为传统课堂教学提供重要补充，有利于提高教学的实效性。

微课这种新型的教学资源应用模式是传统教学模式在“微时代”背景下的衍变，其特征可用“短”“少”“小”“多”来概括。

①短——教学时间短。根据中小学生的认知特点、视觉驻留规律以及记忆时间曲线原理可知，与一节课 40 分钟相比，微课是浓缩的精华，一般只有 5~8 分钟。

②少——教学内容少。一个微课就一个主题，讲述的是一个具体问题或一个

明确的观点。和传统课堂的教学内容相比，微课的问题聚焦性强、主题突出、指向性明确，所有的教学设计与制作都是围绕某个知识点展开的。

③小——资源容量小。从大小上来说，微课视频及辅助配套的资源总容量一般在几十兆左右，所占存储空间非常小。因此，师生可以流畅地通过计算机或移动终端设备进行学习和保存。

④多——资源类型多。微课按照课堂教学方法可划分为多种类型，如讲授类、问答类、启发类等。丰富的课件资源为广大教师进行教学、反思和研究提供了充足的素材，也为学生进行自主学习、合作学习提供了帮助。

（三）微课对高校英语教学的重要性

1. 激发学生的学习兴趣

英语在我国的大学课程体系中占有重要地位，在英语课堂教学中，运用微课来辅助教学是一种有效手段。学生在学习英语时除了需要背诵大量的单词，还需要理解并掌握抽象的语法结构。在英语教学课堂上，学生如果能够轻松听懂教师教授的内容，其学习动力就会比较强；但是学生如果听不懂教师教授的内容，其学习动力就会遭到较大打击，这一点尤其体现在对比较难的知识点的教学上。高校英语课程不同于其他文科类课程，学生如果在课堂上听不懂，在课下就很难通过自学来弥补。微课教学在一定程度上能够提高学生的学习动力与课堂专注程度，从而提高英语课堂教学效率。

2. 有助于改善课堂教学氛围

在传统的英语课堂教学中，课堂的气氛比较沉闷，微课作为一种新的教学模式，能够活跃学习氛围。对于一些抽象的理论知识，教师难以在课堂上用言语进行生动描述，如果借助一定的多媒体手段给学生进行直观展示，就能够帮助学生很好地理解这些抽象概念。借助微课，教师可以把教材中的内容用视频、图片的形式展示给学生，这样学生就能够很好地理解知识内容。在观看微课视频的过程中，学生会更加专注，这样就能够保证课堂氛围维持在一个较为活跃的状态。

3. 加强学生对知识体系的理解

微课教学在高校英语中具有很大的优势，但是教师需要注意的是，微课本身只是一种教学辅助工具，而不是教学的直接目的。教师要将传统教学与微课教学进行合理结合，只有这样，才能取得更好的教学效果。教师应注意只有那些有难度、较抽象的内容才适合用微课进行教学，而不是所有内容都适合用微课来进行教学。同时，教师应注意对时间的把握，微课视频时间一般应控制在 5 分钟到 10

分钟，最好不要超过 15 分钟。

短小精悍的微课能让学生花少量的时间学习到更多的知识，能够保障教学内容的精细化。微课特点比较鲜明，总体上属于一种“快餐式”的教学讲解方式，相对来说其内容比较简单、不烦琐，对知识的讲解比较碎片化，但是这些碎片化的知识又能用一定的方式相互联系起来，构成一个系统。

智能手机、电脑等几乎被应用于大学生生活的方方面面，多媒体教学平台也成了教师教学必不可少的工具。对于一些想利用碎片化时间的学生来说，微课不失为一种明智的选择。

（四）微课在大学英语教学中开发与应用的实践路径

1. 依据学生的实际需求，合理设定微课内容

教师应该根据学生学习语言的具体需要来确定微课的开展方式，教学的内容须合理且丰富，以获得预期的教学效果。在大学阶段，学生学习语言的需求主要有两个方面：一是需要学习一些英语课程的基础知识；二是需要提高自身使用英语的技能。教师可以以此为目标来设计微课。

对学生进行听力、口语、阅读及写作能力的培养也是大学英语教学目标，教师应该据此目标制作一些相关的微课视频，方便学生根据自己的需要来选择学习。将微课引进教学过程后，教师应当及时建立起一个方便、快捷的交流平台，引导学生在这个专用平台上开展交流，讨论遇到的问题，从而潜移默化地提高他们参与微课的热情。

2. 重视媒体资源的选择，做好微课权利的保护

微课的教学视频是重要的教学资源，所以必须要做到制作精良、选择准确、共享便捷。视频类资源是微课视频的制作基础，目前我国网络上的各类视频资源质量良莠不齐，因此需要制作者针对大学英语教学的需要进行精心的筛选，努力制作出质量上乘、丰富实用的微课视频，让微课教学健康有序地在大学英语教学中发挥应有的作用。

高校和教师都应增强法律意识，在积极投入人力、物力、财力，加快制作微课视频的进度的同时，也要注意保护好属于自己的微课视频的著作权。只有做到发展和保护并举，大学英语微课教学才能沿着健康高效的道路前进。

3. 重视教学经验总结，完善大学英语微课教学系统

在大学英语教学中引进微课的形式，对于促进高校教学改革意义重大。在大学英语教学中推广和运用微课的模式可以推动微课研究的深入开展。学校和教师应当从微课的教学实践中总结经验，不断更新微课的授课内容和教学方法，在教

学的过程中发现问题、解决问题、积累经验，争取创建并发展一套科学实用的微课教学理论，使之成为微课教学不断取得进步的基础。直接面对学生的教师应当结合自己的角色优势，边摸索、边分析、边总结，把自己的教学实践经验同微课的教学理论结合起来，努力探索新的可以与微课相辅相成的教学方法，把微课教学的优势充分发挥出来，促进大学英语教学改革稳步推进。微课具有便捷、开放、活泼、丰富的特色，这种教学模式可以成为大学教育的一种新思路和新方式。

（五）微课的发展趋势与展望

1. 微课未来的发展

在移动互联网时代，信息技术对教育具有革命性的影响，政府和个人必须予以高度重视。今天的学生被称为“数字时代的土著居民”，他们的思维方式、学习方式与生活方式发生了巨大变化，那么教育工作者能够适应这种变化吗？美国著名教育学家杜威说过，“如果还像昨天我们被教授的那样去从事教学的话，那么，我们就掠夺了我们的儿童的明天”。教育的时空在不断扩大和延伸，“先学后教”“以学论教”“以学定教”成为教育改革和评价的新趋势。今天，教育工作者不仅要关注自己“如何教”，更要去关注学生“怎么学”。信息时代的每一位教育工作者必须以敏锐的信息素养、开放的教学理念和学习者的姿态，积极参与新技术、新媒体下教与学方式的变革，比如学习和运用翻转书包、翻转课堂、微课、思维可视化、3D 打印、图片处理技术、网上会客室、可汗学院、未来学院、学分银行等新形式。这也是信息时代每一位教育工作者专业发展的有效途径和必然使命。

当今社会，不能简单说是多媒体时代，也不能简单说是网络时代或信息时代，这些称谓或多或少是不准确的。今天，整个社会大环境是一个“互联网 +”的时代，一个移动互联的时代，它给教育带来的变化是非常大的。

“互联网 +”会带来资源获取方式的变革。以前的教育是以“教育工作者、教材、教室”为中心的，这些资源都是相对封闭、极其有限的，而且是趋于僵化的、静态的。如教育工作者们反复在课堂上强调让学生放学后去预习功课，这个习惯一直延续到现在，然而这是违背教育规律的。再比如说，教育工作者布置的课后作业是预习第几页到第几页的教材，可这些教材是专家编写的，它们的表述严谨、结构完整甚至“面孔冰冷”，教育工作者对这些教材还有不理解的地方，就让对课本不熟悉的学生进行预习，所以这些预习往往是浅层、无效的。现在，教师可以把这些知识点做成微课，让学生放学回家后观看，通过直观的视频形式帮助学生预习新课。从提出至今，微课建设理念仍是新生事物，微课建设的理论基础、开发途径、应用模式等方面都有需要完善的地方，这就有赖于广大的教师队伍在实践中不断改进和完善。

2. 微课的应用前景展望

从微课的制作方法和形式上看，随着录制微课的硬件设备不断改进和软件技术不断更新，微课拍摄与制作技术获得了重大突破，这使微课的制作方法和形式向多元化方向发展。微课的形式不再是单纯的拍摄式微课、录屏式微课等，画中画式微课、交互式微课等形式相继出现。

从微课的制作人员来看，随着教育和技术的发展，出现了专业的微课录制团队，由专业的视频设计人员和学校一线的优秀教师相互配合，共同开发设计高质量的微课。微课的音质、画质、动画效果等都得到了很大的提高。微课资源建设需要一线教师和相关企业的共同参与、相互合作。一线教师拥有的是他们多年积累的教学经验和富有创造性的教学设计，而相关企业拥有专业化的技术，双方可以合作共赢，共同促进微课质量的提升。

从微课的数量和资源结构来看，越来越多的微课正在产生和发展。这促使微课的内容成系列化，即某学科或者某一专业领域不再是仅仅拥有一些零散的微课，学科知识内容以相关联的微课串联在一起，各学科领域拥有一系列的具有内在逻辑结构的微课，形成学科化的微课群。

从学生的角度来看，微课具有两方面的作用：一是在学习新知识时可以进行个性化选择。在学习新知识时，学生可以自主选择适合自己的或者自己喜欢的微课进行学习，富有个性化的微课能够满足学生的个性化需求。二是巩固复习时再次使用。微课是一种数字化视频，可以长久保存，方便学生随时观看、学习和巩固。可以说，微课是一种可以多次利用的教学资源。

从教师的角度来看，录制的微课上传到网络平台后，教师可以从中学习其他教师关于某个知识点是如何进行设计的，学习他人采用的录制方法和形式等，这样能够促使教师之间相互借鉴，提升教师录制微课的水平，促进教师的专业发展。

从学校的角度来看，各学科的微课、不同录制形式的微课，形成了系统化的微课资源，有利于促进国家课程的校本化研究。随着网络技术的发展，学校可以搭建一个较为完善的教学资源库。这个教学资源库不仅仅包含微课，还包含教学设计、教学反思、教师互评、学生评价等各个方面的资源。微课带动的教学资源库的建设和利用，可以改变教师的教学评价方式和途径，实现信息的快捷交流与共享。由此可见，微课的建设可以促进以微课为中心的教学资源库的构建，带动课程校本化研究的推进。

从区域来看，微课有利于实现教育资源的交流与共享。倘若某一区域内举办微课大赛和相关研讨活动，各学校之间进行观摩学习、听评课、交流讨论、反思论证等，可形成区域化的共识和特色。例如，2011 年 11 月，广东省佛山市教育局举办了首届中小学新课程优秀微课评审活动，佛山市各级学校表现出极大的热情和兴趣，活动征集到了 1700 多节优秀微课，这一活动推动了佛山市微课的区域发展。因此，微课可以推动区域的教学资源共建。

从教学形式来看，微课目前主要应用于教育教学实践，尤其是翻转课堂教学模式之中。以微课为核心的教学模式的创新和资源建设格局的形成，将会深化微课的应用和发展。

从以上方面可以看到，微课未来的发展空间广阔，微课的应用前景让人无限期待。

五、“以学为中心”教学模式

大学英语教学的首要任务是对语言基本功的训练，教师在注重学生听、说、读、写、译各项技能全面发展的同时，更应注重学生语言交际能力的培养。“以学为中心”教学模式下大学英语教学内容应当涵盖知识、能力、方法和情感四部分。

（一）知识层面

大学英语课程荷载语言基础知识和国际文化知识两类体系，因此在教学内容设计的过程中，一方面要围绕《大学英语课程教学要求》，结合本校学生实际，着重夯实学生的基础知识；另一方面，要以语言为载体，拓宽知识范围，并且督促学生通过自主阅读、小组汇报等多种形式开展自主学习，既可以提高词汇量，又可以增加学生对国际文化等知识的了解。教学内容设计的原则是要做到教师差异化教学和学生自主学习相结合，定位于内容的综合性与可选择性。大学英语班级的设置往往采取几个班合班制，因此任课教师要准确把握学生的语言知识、认知能力、专业背景等的差异，使课程设计既要完全涵盖基础知识，又要具有差异化，同时以各种措施和手段来激励学生自主学习，在课堂上实现思维与知识的碰撞。

（二）能力层面

一般意义上，大学英语教学着重培养的是听、说、读、写、译五种能力，在教学过程中不同的高校各有侧重，但都尤为重视听、说这两种能力。英语专业技能除了传统的这几种能力外，还应包括思维能力、展示能力、创造能力等。英语能力的获得不是靠纯知识、纯技能的机械操练获得的，它与具体的情境、语境以及现实生活相关。因此，在设计教学内容上，应当将规定性内容放入具体情境中，做到与实际、与现实生活相结合，依教学对象的实际水平、专业差异而设定。基于“以学为中心”的教学模式，在设定教学内容时应重在综合、重在应用、重在探究，要设定发挥学生思考力和创造力的环节，允许学生自我展示。这样学生就能在多样化学习中不断强化个人表达能力，自主思考能力也得到锻炼，在一定程度上可以解决教师输入的单向性问题，提高教学质量。

（三）方法层面

学会学习远远比学会知识更重要。通常意义上我们所谓的学习只是行为层面的学习，而更高阶段的学习则是认识事物的方法或者学习思考的方法。当前大学英语教学中教学内容的设计大多侧重行为层面或者目标层面，欠缺学习方法层面的设计。“以学为中心”的教学模式旨在调动学生的积极性，让学生充分参与到学习过程中，掌握终身受益的学习方法，培养和提高学生的可持续发展能力。在此教学模式下，大学英语教学内容应当涵盖学习方法的传授。教师应采取问题导向式的教学内容设计，首先让学生形成一个底层模式，然后层层递进，逐渐让学生学会学习；同时可以适当设计让学生主讲相关内容的环节，这样学生就可以将知识转化为自己的语言思路。

（四）情感层面

大学英语是一门语言基础课程，也是一门拓宽学生眼界的课程，兼具工具性与人文性。因此，在教学内容设计上应当体现大学英语课程的情感教育功能，发展学生情智。

基于以上讨论，“以学为中心”教学模式下大学英语课程应坚持知识导向，以培养学生各项技能和教会学生学习为目标，既要输送理论知识，培养学生的实践能力，又要充分发挥课程思政的作用，培养新时代的大学生。

六、混合式教学模式

（一）混合式教学模式的基本概念

混合式教学法源于 20 世纪 90 年代 E-learning（在线学习）在教育领域的产生，它突破了时间与空间的限制，不同于以课堂、教材和教师为核心的传统教学体系，采用线上线下相结合的教育方式，对学生的综合能力进行培养。

从概念的角度来看，混合式教学是以构建主义理论为基础，综合运用先进的技术、手段和不同的实践方式实施教学的一种策略，是人们对传统教学和网络教学进行反思后出现在教学领域的术语。它能够对线上线下两种教学方式的优势进行整合，使其发挥出巨大的作用。混合式教学在大学英语教学中能够得到应用，得益于大学英语本身具有授课范围广、教学方式多样、学生关注度较高的优势，大学英语课堂能够为混合式教学模式提供教学实践基础和环境。混合式教学的主要思想，就是把面对面的传统教学和线上教学两种模式进行整合，充分发挥学生的主观能动性，尊重学生的个性发展，而不是被动地对学生进行知识灌输。混合式教学模式中，“混合”包括讨论、讲解、自主学习、课外项目等教学方法的混合，也包括不同学习资源，如课本、教学课件、音视频、电影电视的混合，还包括学习环境，如传统课堂、多媒体课堂的混合。

（二）新时期开展混合式教学的基本前提——慕课资源平台

在信息媒体技术高速发展的当代社会，通过新媒体技术的在线平台，开展创新形式的“线上 + 线下”教学模式，可以提高大学生的英语知识水平和学习能力，促进他们英语素养的形成和发展。因此，在大学英语教学活动中，教师应该利用大学生对新鲜事物接受能力比较强的特点，以及混合式教学模式的信息技术优势，建设具有全球化特点的慕课、微课以及翻转课堂等教学资源平台，促进大学英语教育的发展创新。

在大学英语教学中应用混合式教学模式，就是把多媒体信息平台上的国内优质慕课资源加以改进，使之成为适合自身教学发展需要、建设成本不高、使用方便灵活的私慕课平台。

在大学校园内进行混合式实践教学，可以利用慕课形式开展线上教学，应用翻转课堂的形式组织线下英语课堂教学活动，通过它们的有机结合形成完整的混合式英语教学。慕课平台是开展混合式教学的基本前提，高校应根据自身的教学实际情况，对这种平台的课程资源加以改进，以满足本身英语教学发展的需求，推动高校英语教学的发展。目前，建议使用国外的慕课平台“可汗学院”和国内的“学堂在线”等，教师可以把这些资源丰富的慕课引入学校教学信息系统，并结合实际情况加以改进，建设成符合自身教学环境的课程，使学生能够便捷高效地利用移动信息终端进行英语课程的学习。

（三）混合式教学模式的应用及效果

1. 教学具体过程

混合式教学按照教学步骤可分为课前准备、课堂教学、课后作业及测试三个部分。课前准备对于学生自主学习有着重要的意义。在实际教学中，教师布置课前作业，引导学生对出现的生词和短语提前预习，尽可能让基础不同的学生在课前处于相近的起跑线上。学生利用线上的技术手段，上传单词和段落朗读音频，方便教师检查每个学生的发音情况，节约了课堂时间。此外，学生还需要阅读与单元主题相关的资料，观看某些教学视频，提前对学习的内容进行预习，带着好奇与疑问进入课堂。

混合式教学的线上线下课堂不是非此即彼的关系，而是将线上线下教学进行有机结合。混合式教学主要使用的是“超星学习通”平台，教师多数的任务布置都能够在平台上进行。平台上不仅提供了本学校设置的课程，还提供了众多双一流名校的教学视频。学生在课余可以自行选择观看，博采众长。腾讯会议等线上课堂平台拥有提问和开麦功能，教师可以像在传统课堂上一样对学生进行提问，并对学生提出的问题进行解答。平时，线下课堂是教学的主要方式，而在面对新冠疫情等重大公共卫生事件时，线上课堂能够保证教学活动的正常进行。在课堂上教师组织关于单元主题的讨论，并对重难点单词和句子进行讲解，解答学生在课前准备阶段的一系列疑问。

课后，教师要求学生完成教学资料中的配套练习。此外，学生需要完成一些讨论活动和线上的单元测试，对课堂上学习的内容进行巩固。测试将以线上线下相结合的形式进行，以期全面地对学生的英语水平和教师的教学质量进行评估，为接下来的教学任务布置提供可靠的参考。利用线上课程平台的评估与留言机制，学生在课后能够通过留言的方式与教师进行交流，大大拓展了教学的时间与空间的维度。

2. 教学实践效果

从实际教学成果来看，混合式教学效果相比过去单一的教学模式有了很大的提升，主要体现在以下几个方面。

第一，学生的学习热情显著提高，英语学习时间增加。与传统式教学相比，混合式教学模式中的课堂学习时间在学生总学习时间中的占比明显下降，课外学习时间显著上升，英语学习逐渐成为学生生活中的一部分。

第二，学生各项能力显著提高。在混合式英语教学中，相比于应试成绩的提升，学生在听说能力方面的提升更为明显。例如，学生的英语发音更加标准，在日常的对话中学生的用词多样性明显增加，语调、语速和对节奏方面的把控也有了很大的提升。在写作方面，学生的词汇量有所增加，写作时不再拘泥于几个常用的套路句式，使用的词汇和句式更加多样化，体现出良好的英语功底。

第三，学生对外国文化的了解程度不断上升，对外交流热情不断提高。英语是世界范围内使用最广泛的语言。英语不但是重要的交流工具，同时也是英美文化的重要载体。通过混合式英语学习，学生能够对英语国家的历史文化、地理环境建立起基本认识，拓宽自身的国际视野。

（四）高校混合式教学的具体措施

1. 做好课前教学任务布置

有别于传统课堂的单调乏味，混合式教学模式中教师可以在课前让学生通过网络预习要学的课程，这样教师在教学过程中就可以减少许多烦琐的环节，提高课堂的教学效率。高效的学习可以节省大量的课堂时间，教师可以利用这段课堂时间对学生的学习内容进行扩展，为学生讲授更多的文化背景知识。

另外，教师也可以利用剩余下来的时间，让学生进行对话。英语作为一种语言更注重的是对运用和沟通能力的培养。在网络的大背景下，地域与地域之间、国家与国家之间的沟通将不存在问题，有时一个软件按钮的点击就可以实现面对面的沟通。大学生处于即将步入社会工作的阶段，因此对于他们的培养更加倾向于增加其在社会竞争中的优势，提高他们的表达能力和临场反应能力。

因此，在课堂上要引入培养学生交际能力的内容，教师可以利用空闲时间组织学生进行对话，或让他们发表演讲，通过对话和演讲的方式可以很好地锻炼学生获取信息的能力和表达能力。同时教师也可以在课堂上播放一些视频、音频来提高学生的口语水平，让英语学习氛围更加浓厚。处于这样的学习氛围当中，学生们的沟通能力将会得到很大的提升。

2. 加强网络管理和监督

网络作为信息汇聚的地方，其信息数据庞大，但信息质量良莠不齐，教师应该加强对学生线上学习的管理和监督，以便保证学生学习的素材都是正向的、是对学习有积极意义的。在学习的过程中，如果没有教师的监管，学习氛围会变得松散。

大学不同于高中，在结束了高中紧张的学习之后，大学生的学习往往比在高中的时候懈怠。这个时候就需要教师对学生的学习进行管理和监督。例如，在课后布置作业，要求学生在网上作答，教师进行评论和回复。

3. 重构教学模式

传统的教学模式都是教师讲、学生听，这会让课程变得死板沉闷，也让学生失去了学习的兴趣。教师可以重构教学模式，利用互联网的优势丰富课堂活动，比如让学生观看英语视频，体验正宗的英语发音，也可以利用英语音频进行听力训练。

七、ESP 教学模式

（一）ESP 简介

1. ESP 概念

第二次世界大战结束后，新技术革命以前所未有的速度兴起并蓬勃发展，各国在政治、经济、文化和科技特别是商业贸易等领域的往来日渐频繁。在科技大潮的推动下，专门用途英语，也叫特殊用途英语（English for Specific Purposes，ESP）应运而生。

在英语学术界，对于如何科学地定义 ESP，学者们持有不同的看法。其中，具有代表性的是语言学家韩礼德等人提出的观点："英语适用于文职人员、警察、法官、护士、医生、农业专家、工程师、装配工等职业。"随着时代的演变，ESP 的定义得到了不断的发展和充实。今天，学术界普遍认同的观点为：ESP 是一种行之有效的教学途径，以语言学习理论为依据，以学生的特殊学习需求为出发点制订教学目标、教学内容和教学方法，最终目标是培养学生在实际工作中运用英语进行交际的能力。

2. 国内 ESP 教学现状

改革开放以来，我国大学英语经过不断发展，逐步形成了完整的教学体系。相比于新中国成立初期英语教师水平及生源素质的参差不齐，20 世纪 80 年代后期的教师水平及学生素质出现了喜人局面。但是，在英语教学领域，传统的班级授课仍是主要的授课方式，统一的教学模式下培养出的普通英语专业高校毕业生无法满足特殊领域的需求。大学英语课程的内容是要和国家需求、社会需求以及学生需求紧密相关的。因此，ESP 教学成为英语教育界的热议话题，如何构建 ESP 教学模式受到国内高校的重视。

进入 21 世纪以来，ESP 教学领域中的商务英语等专业获得了较快的发展，但总体来说 ESP 教学仍较为落后。教育部于 2017 年颁布的《大学英语教学指南》（以下简称《指南》）指出，“大学英语的教学目标是培养学生的英语应用能力，增强跨文化交际意识和交际能力，同时发展自主学习能力，提高综合文化素养，使他们在学习、生活、社会交往和未来工作中能够有效地使用英语，满足国家、社会、学校和个人发展的需要”。《指南》根据学校人才培养计划的特殊需要以及部分有余力学生的多元需求，对大学英语的教学目标提出了基础、提高、发展三个等级。大学英语统筹下的 ESP 课程在深入贯彻教学目标的三个等级的同时，还需发挥 ESP 的特殊性，提高学习者使用专业英语的交际能力。

（二）ESP 教学模式的构建

下面主要从高校、教师及学生三方面探讨构建 ESP 教学模式的方法，其中涉及教学目标、教学理念、教学环境、教学内容、教学设备等问题。

1. 高校层面

构建 ESP 教学模式时，高校应成为主要力量。高校应对教学指南进行解读，从而制订符合时代发展的教学大纲和课程设计。ESP 的教学大纲具有特殊性，其课程设计应考虑社会的需求，即根据 ESP 的分类开设与学生目标相符的课程。《大学英语教学指南》指出，专门用途英语课程应凸显大学英语的工具性特征。

各高校要以需求分析为基础，根据学校人才培养规格和学生需要开设体现学校特色的专门用途英语课程，供学生选择；也可在通用英语体系内，纳入学术英语和职业英语等内容。所以，以市场需求分析为基础，依据所得信息编制大纲、开设课程，是高校构建 ESP 教学模式的首要任务。

信息化环境下的大学英语 ESP 教学模式不能局限于传统的教学课堂。互联网的快速发展使信息和资源的交换和沟通变得迅速而便捷。英语教学的资源也不再局限于教师、书本和纸质资料，在线课程成为 ESP 教学模式的第二大资源。目前，国内著名的在线课程包括 MOOC、学堂在线、网易精品课等，部分高校采取的线上线下教学相结合的模式取得了良好进展。高校应将线上线下课程相结合，为教师与学生提供课下交流和互动的机会，引导教师有效利用资源，提升学生对 ESP 课程的热情，改善教育资源分配不均带来的不公平现象。

由于 ESP 分类繁多，因而 ESP 课程的开设需考虑师资力量、教材编写、分层分级教学等方面。

首先，长期以来大学英语重 EGP 教学而轻 ESP 教学，兼具英语知识与专业知识的复合型教师数量不足。近几年，ESP 教学工作主要由大学英语教师或者专业课教师担任。此类教师在知识结构上存在一定的不足，很难独立开展适合社会需求和学生需求的 ESP 教学，无法满足复合型人才的培养需要。所以，高校在发展 ESP 教学模式时，必须着重培养 ESP 教师，如聘任英语功底扎实、专业知识牢固的 ESP 教师，定期对教师进行考核，开设 ESP 教师座谈会、研讨会等；资助有意向教授 ESP 的普通专业教师出国研修；聘请国内顶级高校 ESP 教师开设讲座，分享 ESP 课程经验等。

其次，在 ESP 教材内容方面，应注重学术英语知识与专业知识的融合，提供种类丰富的语料和资源，使学习者在获得专业英语方面知识的同时构建本专业知识体系。高校在教材研发过程中，应注重对设计理念、编写原则、素材选择、练习设计、教学方法推荐等方面的探索，以提高学习者的学习效率。高校应鼓励教师使用网络教学和多媒体教学，与各大网络学习平台进行合作，使大学英语 ESP 教材以多模态形式呈现给广大学习者。

最后，高校应根据学生的英语水平实施分级、分段教学。不同专业的学生在步入大学时的英语水平不同，因而他们选取的课程难度也应不同。学校可以筛选出英语水平较高的学生，确立整体 ESP 教学的方法和进度；对英语水平较弱的学生，可实施分阶段教学，在大一、大二学年实行 EGP 教学，在大三、大四学年实行 ESP 教学。

2. *教师层面*

互联网教学改变了外语教学方式，实现了图文并茂、声形合一的多媒体教学。在 ESP 教学模式构建过程中，教师的任务包括教材的开发与编写、ESP 课程的学习、教学内容的丰富、教师角色和教学理念的转变、教学组织形式的变革等。

教材是知识的主要载体，是教学内容得以展现的文本。将新的课程付诸实践，要有一套与之匹配的教材。首先，专业的 ESP 教师应参与到教材的开发、编写过程中。教师的教学方法、教学手段和教学效果受教材质量的影响。教师在 ESP 教材编写过程中要注重准确性，争取传达给学生客观、正确的知识和信息，将英语知识与专业知识相对应；应依据学习者的认知规律编写教材，迎合不同年龄阶段、不同知识水平的学生的学习需要。教材内容应根据不同专业的特殊需求选择恰当的练习素材，结合社会的发展水平和要求制订分层次的内容。其次，数字化教材是学生获得知识的重要手段。教师应善用互联网资源引导学生理解教材内容。

ESP 教学注重培养学生适应社会发展的必备品格和关键能力。在教学程序上，主张“先学后教”或“先练后讲”，这是对传统课堂“先讲后练”或“只讲不练”进行反思和批判的结果。教师可让学生在课前观看中国 MOOC、网易公开课、腾讯课堂等平台的课程视频，提前了解本节课的教学内容，培养学生独立思考的能力和创新精神。在教学组织形式上，坚持“学生自定步调，教师异步指导”。教师应结合信息化资源，实行分层教学，使每一位学生都能在 ESP 课程中达到预期的学习目标。此外，教师应创设真实的课堂情境，激发学生的学习兴趣。例如，在学科英语课堂上，可以要求学生模拟教师的上课流程；在商务英语课堂上，可以要求学生模拟商务会谈或书写商务邮件，将理论与实践相结合。

3. 学生层面

信息化资源与 ESP 教学模式相结合的前提是学生能够进行自主学习、个性学习。从教育心理学的角度看，学习者在学习过程中对课程的情感因素会在很大程度上影响最终的学习效果。若学生对 ESP 课程抱有渴望的态度，学习过程便是愉快探索的旅程。ESP 课程在要求学生能够把英语知识和专业知识相结合的同时，也要求学生具有较强的自主学习能力。进行自主学习时，学生应通过书本或平台视频预习上课内容，有针对性地对重点内容和难点内容进行深入了解。课后，学生自主完成在线作业。教师根据学生的作业反馈实时进行批注、讲解，或录制讲解视频，引导学生进行二次学习。

信息化环境下的 ESP 教学模式需要学生进行个性化学习。教师通过了解学生的学习态度、学习能力以及知识掌握程度，因材施教，对不同水平的学生提供不同的 ESP 学习路径。学生根据自己的能力和学习目标进行自我认知，并根据学习效果进行自我评价、自我激励。

八、“互联网 +”新型教学模式

（一）“互联网 +”新型教学模式概述

互联网中的多种传递形式可以实现信息整合，而丰富的信息节点链接可以让学生进行实时访问，且网络信息的储存不受时空限制，为学生提供了随时随地学习的环境与技术支持。“互联网 +”新型教学模式被称为极具发展前景的教学模式。互联网教学系统为教师、学生以及学者提供了新的教学和研究方向。在高校教学中融入“互联网 +”新型教学模式，有利于实现高校教学模式的新发展。

第一，“互联网 +”新型教学模式是以教室为基本单位的互联网教学模式。在这种教学模式下，教师作为教学活动的主要引导者，可以利用多媒体技术将教学内容制作成教学课件。然后，借助教室的多媒体网络环境在计算机上进行授课，实现即时调度。在此种教学环境中，学生能根据自己的需求查看或保存教学课件中的相关内容或其他教学资料；教师也可以通过便捷的网络环境制作并上传测试习题，学生则通过互联网环境进行自主学习或练习；课堂作业的提交也可以通过网络实现，学生只需要将课堂作业上传至平台，教师通过下载即可接收；同时，教师可以实时为学生答疑解惑，师生可以及时快速地获取资源信息。

第二，“互联网 +”新型教学模式是以互联网教学视频为传播载体的教学模式。在这种教学模式下，教师通过前期的设计与整理，制作好教学视频，并通过互联网服务器将教学视频上传分享给学生。这些教学视频包括基础教学内容以及延伸辅助资料，可以充分满足学生的学习需求。同时，教学视频通过丰富的影像画面将教师教学与教材内容紧密结合，充分符合学生联想记忆学习的特点；按照内容属性进行组合的视频，将大量的教学内容与信息资源囊括其中，具有学习需求的多样性以及连贯性特点。这种教学模式可以让学生根据自身需求进行自主学习，能够适应不同学生的学习时间、学习环境以及学习兴趣等多种差异。学生可以自行下载或观看教学视频，并自主利用视频调控学习节奏，从而实现对教学内容的全面掌握以及巩固内化。

第三，“互联网 +”新型教学模式是以互联网为基础环境的教学模式。教师利用网络和链接技术下载教学资源，将制作的教学课件或教学视频上传至服务器；学生则可以进入网络平台进行认证登记，访问相关教学站点，观看或下载网络平台的教学资源。这种建立在互联网基础上的教学模式，打破了传统教学的时空限制，使教师和学生可以实现实时互动、学习；同时，也使学生的学习资源更加丰富多样。教师还可以通过站内链接直接访问相关站点，如其他院校的学习互动平台，了解优秀的教学案例，或请教其他学校的教师、学者。

第四，“互联网 +”新型教学模式是以教师个人网站为传播基础的教学模式。教师根据教学目标、教学内容、学生的学习水平及学习需求制作教学方案，并且根据教学方案进行教学设计、教学课件、教学资源的制作。教师通过个人网站将教学资料上传并分享给学生，学生则进入这个网站了解和阅读教学内容，实现教学资源（视频）的观看与下载。同时，学生可以通过多种网络互动形式向教师请教疑难问题。教师则可以通过网站互动平台收集学生的学习反馈意见等，及时掌握学生的学习动态，帮助学生解答疑惑，并根据学生的学习情况对学生的自主学习以及课外学习进行辅导和调控。

（二）“互联网 +”新型教学模式的意义

“互联网 +”新型教学模式是在互联网影响下的一种新的教学模式。互联网教学离不开计算机的使用，同时也必须使用一些多媒体设备以及网络技术，再结合以现代化的教学手段。而“互联网 +”新型教学模式的实践意义主要包括以下几个方面的内容。

首先，“互联网 +”新型教学模式具有教学资源丰富的特征，教师能够利用网络准备教案，在网上布置预习任务等。在这种新型模式之下，教师可以利用互联网丰富的资源展开教学设计，制作教学课件，建立教学资源库。同时，这些教学资源通过互联网平台可以实现即时快速的传播，为用户所接收，如此一来，学生就可以实时观看或下载教学资源。

其次，“互联网 +”新型教学模式还具有共享性的特点，能够进一步扩大教学的空间。因为网络技术的发展，这种新的教学模式传播信息的速度非常快，因此，这一教学模式的覆盖范围也非常广泛。“互联网 +”新型教学模式可以实现双向互动，利用便捷的交互方式实现师生的沟通交流，让学生能够利用多种学习形式进行自主学习、协作学习。

最后，“互联网 +”新型教学模式非常注重发挥学生的主体性。在这种教学模式之下的学生可以发展自己的个性，并且发挥自己的主观能动性进行学习，实现自己的个别化目标，并且创造一个良好的学习氛围。同时，值得注意的是，学习者还能够按照自己的需求来选择学习的时间和内容，这使学生在教与学的过程中能掌握绝对的自主权。

（三）“互联网 +”新型教学模式的类型

1. 讲授型教学模式

讲授型教学模式主要是以教师为中心的，通过教师讲授知识以及学生听讲知识的过程，让学生对每一个章节的知识都有所了解。这种教学模式是一种比较经典的教学模式，是传统教学模式的一种。这种模式因为有其独特的优势，因此，在教学中不能够完全被取代。讲授型教学模式中也可以加入互联网的因素，即教师运用多媒体技术对学生进行知识的讲授。讲授型模式在网络教学中按教学的时间特性，又可分为同步式讲授与异步式讲授两种形式。

（1）同步式讲授

这种讲授方式主要是指通过网络技术将教师现场授课的情况同步地传送到远端学生的计算机上，教师进行网络授课直播，学生在同一时间内进行收听。这种网络教学要借助局域网或者其他的系统来实施。

（2）异步式讲授

异步式教学模式是与同步式教学模式相对应的，这种教学模式并不要求学生一定要在同一时间内听课，相反的，学生可以按照自己的时间来进行学习。在这种教学模式当中，教学的整个过程都是在网络上进行的，教师要将教学要求、教学的主要内容以及教学的资源和导航链接等做成网络文件，发布在特定的互联网平台上，学生可以根据自己不同的需求来下载并进行自主学习。同时，教师还可以将自己的实际讲课过程录制下来，经过剪辑做成视频文件，发布到网络上供大家一起学习。学生在其他地方听课的时候也能将自己遇到的问题通过电子邮件向教师提问，教师应该及时给予答复。教师还可以在与自己的教学内容相关的版面上设置一些问题讨论区，供大家一起交流讨论。对于那些提的比较多的问题，教师可以重新录制一个视频对其中的重点和难点进行讲解。

总而言之，基于互联网开展的讲授型教学，其组织形式比较简单，同时有统一的学习进程，能够和学校的课程实现同步。因此可以说，这个教学模式是在传统教学模式的基础上，实现教学的多媒体化和网络化。

2. 个别辅导型教学模式

这种教学模式主要是对于讲授型教学模式的重要补充，在教学的过程也占据着非常重要的地位。无论是传统的教学模式还是现阶段的“互联网 +”新型教学模式，都具有一个共同的特点，就是比较注重因材施教，也就是说应该根据学生具体的学习情况以及学生的学习需求来采取不同的教学手段，对学生进行个别化的辅导，但是这种因材施教的形式因为现实生活中教师资源比较缺乏而很难得到实施。随着互联网技术的发展这一问题能进一步得到解决，网络上主要包括两种个别辅导的方式，即教师与学生利用网络通信工具进行个别辅导，还有就是利用 CAI 教学课件来进行辅导。

首先是通过网上通信的个别辅导方式，这种方式主要是通过电子邮件以及聊天软件来实现的。通过邮件进行个别辅导的优势主要在于，学生向教师提问不会受到时间和空间的限制，他们可以随时随地向教师请教。这种个别辅导的方式就像是教师和学生面对面地进行交流和讨论一样，当学生遇到问题的时候，可以马上向教师进行提问，也是学生不断发挥主观能动性的重要表现。教师可以根据不同学生的问题进行有针对性的个别指导。在这种个别指导的方式之下，教师能够了解每一个学生的学习特点，并在实际的课堂教学中根据这些情况开展针对性教学。

而通过 CAI 教育辅导软件对学生进行个别教育，主要的原因在于 CAI 软件具有记录学生的学习情况以及与学生进行交流互动的作用，能表现出一个学习者自身的学习特点。CAI 软件可以代替教师对学生进行指导，帮助学生完成作业、解答题目。这样既可以减轻教师的负担，同时也可以使学生获益。网络环境下运用 CAI 软件可以为学生提供一个个别化的学习环境，学生通过学习软件进行自主学习，并对一些重点和难点进行模拟练习，从而对所学知识有一个更深层次的了解。同时学生也可以根据自己的学习情况和学习能力来设置学习的进度以及问题的难度，从而进一步实现自主性的个别化辅导学习。

总的来说，个别辅导模式能够很好地满足学生的各种需求，真正地做到因材施教。在未来的发展过程中，教师还需要不断提高自身的能力，以促使这种辅导模式获得更长远的发展。

3. 协作型教学模式

协作学习对于发展学生的批判思维、创新思维、探索发现精神以及团队合作精神具有重要的作用，能够促进学生获得更高层次的认知能力，并且形成良好的人际关系，促进学生身心健康的发展。

网络技术发展条件下的协作学习主要包括两种类型：第一种是完全借助于网络平台的学生之间的协作学习。学生可以通过网络来搜集信息，并在网络上与其他学生结成协作团队，共同讨论交流，进而解决一些问题。同时，学生也可以组成团队一起向相关的专家咨询学习，向教师请教。第二种是将网络通信工具作为协作学习的重要工具，学生并不完全在网络上进行学习，也可以在现实生活中与其他同学一起交流和讨论网上的各种问题和资源。

4. 探究型教学模式

探究型教学模式非常重视对情境的创设，因为探究型教学就是要将课程学习的具体内容和目标直接转换成为可以实践操作并完成的具体目标。而要创设一个好的情境主要包括以下三个方面的内容：首先，教师要让学生知道自己将要学习的主要内容；其次，教师要运用各种手段，通过各种方式让学生对课程的内容产生兴趣；最后，教师需要为学生建造一种学习的“支架”并适当地引出学习的任务和学习要求。

探究型教学模式在互联网教学中的应用比较广泛，从一些电子邮件到复杂的学习系统中都可以看到探究型教学模式的影子。在实际的教学中，主要都是通过一些教育机构包括学校以及研究机构等来根据学生的特殊情况制订问题，并通过网络平台发布出来，让学生进行自主研究和回答。

第四章　新时期英语教学工作实施

在新时期背景下，大学英语教学工作的实施也出现了明显转变。本章主要对英语听力与口语教学、英语词汇教学、英语语法教学、英语阅读与写作教学、英语翻译教学以及英语文化教学进行了深入探索。

第一节　英语听力与口语教学

一、英语听力教学

（一）影响学生听力水平的因素

1. 英语听力教学方面的因素

（1）教学活动的单调性

就目前的英语专业听力教学来看，虽然信息技术已经很发达了，但由于受到课时较少的客观限制，基本上听力课堂教学仍然以单一的语言输入为主，主要都是教师的单方面活动，学生只是一味地接收教师灌输的一切信息。久而久之，学生会感觉疲惫、乏味，因此，听力教学费时低效的现象就屡见不鲜了。

（2）教学方法的单一性

大多数教师上课时基本都是按部就班地听录音—对答案—听录音—检查答案。这种方法容易使课堂沉闷，教师也只能坐在主控台前放录音而不能深入学生当中去，失去了面授教学的意义。这种单一的教学方法的弊端是显而易见的，它会导致学生对语言的感受不深，不能对听力内容进行实际的应用。

2. 英语听力学习者方面的因素

（1）理解问题

学生对听力材料的词义、语义和主题等的理解能力差，具体表现在以下几个方面：不能做到从已听懂的内容中进行推测、判断，而总是对生词念念不忘，进而苦思冥想，无法摆脱生词的困扰，因而无法顺利地听完材料和理解材料的意义；不善于抓住中心思想和主要情节，总是把注意力放在每个词、每个句子以及相关的细节上，因此听完后对所听的信息不能形成完整的概念，不能概括出文章的大意；不善于捕捉主要信息或根据语义知识推断字面之外的意思，在听音过程中不能根据要求区分主要信息和次要信息，对一些关键信息听而不闻，不做必要记录；在听懂内容后，不能依据说话人的身份、语调、语气和语言场景来体会和判断句子的潜在含义和功能等。

（2）语音问题

在英语听力教学中，发出与接收信息都是通过语音来起作用的。而部分学生由于语音基础差，往往不能正确地区分音素，不能根据发音从句子中准确识别单词，不善于区分两个发音类似的单词。

（3）语法与词汇问题

听力理解是多种知识综合运用的活动。学生运用自己掌握的语法知识，对所听内容进行猜测、推理、判断、概括，从而理解其意义，达到信息交流的目的。因而语法知识掌握得好坏与否，同样会影响学生对听力材料的理解。

听力理解能力的高低不仅与语音、语法知识有着密切的联系，还取决于学生对有效词汇的掌握情况及词汇量的大小。一般来说，词汇量的大小与一个人的听力有着相当大的关系。由此可见，寻求有效的词汇学习方法，对提高听力理解能力也有着重要的意义。

（4）知识面不宽的问题

在英语听力材料中，有许多以新闻报道为题材的材料，涉及政治、经济、军事、文化、教育、国际关系等许多方面。由于学生缺乏对英语国家的基本了解，以致对听力材料的内容不熟悉，因而影响了他们对听力材料主要信息的理解和掌握。

3. 英语专业听力学习的语言环境因素

目前，我国部分学生仍然偏重于对书面英语的学习，轻视对英语听力理解能力的掌握。学生提高英语听力水平的动力不足，学习的积极性很难得到充分激发，因此，听力教学质量也就很难得到提高。现代化语言实验室和信息技术虽丰富了英语教学手段，但同时也带来了一些问题。英语听力教学中，师生之间的交流完全成了一种机械的、被动的、依靠现代化设备的信息传递活动，师生之间缺乏面对面的直接交流；再加上学生本身就对听力课有着一定的畏难心理，这些都妨碍了学生学习积极性的发挥，严重影响了听力课的教学效果。

（二）新时期背景下微课模式对英语听力教学的影响

作为英语学习者必须掌握的一项基础技能，英语听力能力在交际活动中起着重要的作用。在新时期背景下，信息技术教学逐渐得到普及，这对高校英语听力教学产生了较大的影响，如微课模式的兴起为英语听力课程指明了教学改革的方向。从积极方面来说，微课模式能使学生更了解英语听力课程教学目标，能自主选择学习的内容、时间、地点、交流对象，同时方便教师管理后台、收集学生的反馈信息，并相应地调整教学内容。但不能否认的是，微课模式因时长过短以及本身对非语言信息的过滤机制，也对英语听力课程教学造成了负面的影响。

接下来，笔者将以新时期背景下的微课听力教学为例，深入分析微课模式对英语听力课程教学的影响。

1. 微课模式对英语听力教学的正面影响

第一，英语听力课程教学由于微课模式的引入而变得更加立体。在以往的英语听力课堂教学中，教师主要负责按照教材规定对听力训练材料进行合理安排，而学生主要负责仔细听材料内容然后做题，比照答案后再做题，如此循环往复。学生充当的只是一个做题的机器，负责完成听力训练工作，但并没有完全领会每项听力练习任务背后蕴含的目标指向，从而导致学生学习效率不高，课堂教学质量较低。但是在微课模式中，微课视频具有短而精的特点，可以让学生对每堂课的学习目标和学习方法有全面的了解，在进行听力练习时能够有所准备，带着问题听。

第二，微课模式的引入可以使教师更容易掌握教学进度。在传统英语听力教学中，教师负责讲解英语听力训练的方法、分析听力题的解法，然而教师不能全面掌握学生对这些知识的理解程度，从而不能根据具体教学实际来调整教学方案。但是微课模式可以让教师通过系统后台检测到学生的听课情况，包括听课人数和产生的疑难问题，进而合理安排听力教学内容。当微课视频观看人数较多时，证明学生不易掌握这个知识点，所以教师应该增加针对这个知识点的专项练习，帮助学生有效掌握知识概念。比如，连读在英语听力中是学生比较难掌握的一个知识点，如“allow us”在听力材料中常常连读，但是学生经常误听为“allowance”。教师在制作这类微课视频时就应该遵循两个原则：①使学生掌握英语连读的规律；②使学生灵活运用连读规律认读英语单词。

微课视频和传统课件的相同点是都能把英语连读的规律直观地展示给学生，不同点是微课视频教学能够帮助教师根据学生的接受程度适时调整教学进度，不断提高教学效率。教师可以从系统后台查看学生每个阶段的学习情况，针对重点、难点有针对性地辅导学生。

第三，在英语听力课堂中，微课模式的引入使学生掌握了学习的主动权。学生可以根据自己的实际情况自主决定什么时候在什么地方开始学习，而且能够根据自己的学习能力灵活选择某个知识点的学习环节、强度和节奏，从而提高学习的实效性。与此同时，通过微课视频的弹幕功能，学生能够在学习时互相交流学习感悟、讨论疑难问题，逐渐从以前教师和学生一对多的教学方式转变为教师与学生之间多对多的无障碍实时交流。

2. 微课模式对英语听力教学的负面影响

微课模式具有双面性，不仅能够提高英语听力教学质量，而且也会对听力教学产生不利的影响。首先，因为微课视频有时长限制，一般控制在 5～10 分钟，所以微课模式下的听力课程短小，只适合于音素、单词、短句的听力讲解，对于类似于演讲、讲座、脱口秀节目等超时长的听力材料则不能解读。而且教师如果把一个长篇听力材料截取制作成小段的微课视频，那么就容易破坏原文的语篇连贯性，学生理解起来就变得更加困难。所以，微课模式使教师的选择面变窄，即只能针对片段性语句的听力方法和技巧进行讲解和练习，不能讲授长篇英语听力材料，这就阻碍了学生英语听力的全面发展和提高。其次，虽然微课模式使英语听力教学变得网络化并且逐渐成为教学主流，推进了英语课程教学的远程网络化进程，但是，正如大家都了解的，英语是一门语言学科，语言学习就需要面对面沟通。而在网络远程教学过程中，学生进行听力学习时无法真切捕捉到对话双方的表情、手势等其他非语言信息，而这些非语言信息可以加深交际活动主体对交流内容的理解，减少语言交流障碍。但是网络化的微课教学方式完全体现不出这类信息的作用，这会导致今后学生之间甚至学生与其他英语使用者进行交流时不能准确传达信息，不仅阻碍了双方的人际交往，也与听力教学的目标相背离。

综上所述，微课教学模式可以使学生对英语听力课程的整体构成框架有全面的把握，提高学生的课堂参与性，培养学生浓厚的学习兴趣，从而使英语听力教学从以教师设计课程内容为主转为以学生自由选择学习内容为主。学生在微课视频内容、观看时间、学习地点、观看次数和互动情况等方面掌握充分的自主权；教师则通过系统后台对微课视频的点播情况等数据进行汇总统计。这种方式可以明显提升英语听力课程的教学效率。但是，微课模式对英语听力课程教学会产生一些不良影响。比如，微课视频的时长不能满足长篇英语听力材料的教学要求，微课模式不能体现出非语言信息的优越性，等等。这些问题降低了英语听力课程的教学质量。总之，微课模式对英语听力教学有利也有弊，如何妥善处理二者的关系，决定了今后微课模式在英语听力教学中应用的长远发展。

（三）新时期背景下英语听力教学的改进策略

1. 增强学生的英语基础

词汇的良好掌握是学好英语听力的基础，听力水平的高低则取决于英语词汇量的多少。部分学生的英语基础差多数是因为其英语词汇量少，无法正确听懂句子和文章的意思，所以，扩充英语词汇量有利于学生理解听力内容，提高自身的语言应用以及交际能力。教师在进行听力教学时，可以让学生进行单词积累及单词发音、辨音练习，帮助学生正确地辨别发音相似的单词，并进行单词记忆，这有助于增加学生的词汇量，使他们能够正确听懂句子中的单词。有些英语听力材料其实并不难，只是学生的听力水平较弱，加上大学英语听力语速较快，只要一出现连读或略读学生便不知所云，打击了其学习自信心。因此，学生在进行单词积累和发音练习时，也要将单词相应的关联词一同进行学习记忆，多听句子中的连读、略读、重读等部分，慢慢消除听力障碍。

2. 提高学生自主学习的兴趣

学问只有合乎自己的兴趣爱好，方可得益。只有激发学生的学习兴趣，才能提高其自主学习的能力。手机已成为每个人必不可少的使用工具，教师可以利用智能手机及学习软件帮助学生进行英语听力学习，提高其自主学习的能力。同时，相比于教材内容，学生对英文电影或英文歌曲的兴趣更高。教师也要及时跟进学生的学习情况，帮助学生持之以恒地练习，相信最终会得到质的飞跃。

3. 加强学生对听力的重视程度

部分学生在学校学习英语时，由于没有实际演练对话或接触较多的专业英语的机会，对英语口语、听力的认识度和掌握度不高。教师在进行英语听力教学时要将听、说有效结合，并让学生多接触相关专业的英语交流对话，尽力创造条件，如带领学生参观未来可能工作的场地，进而提高学生对英语听力的重视程度。例如，教师可以先根据学生的专业特点进行情境设置，让学生在情境中全程用英语交流。这样不但可以锻炼学生的听力理解能力，还能提高学生的交流水平。

4. 课外泛听，扩大词汇量和知识面

听力课时有限，每周一节的听力课不能有效地提高学生的听力技能。教师应指导学生充分利用现有的信息技术，完成一些课外听力任务，如收听英语广播、观看英文电视节目、欣赏英文电影、听英文歌曲等，有意识、有目的地学习和了

解英美概况，了解各方面的知识，扩大自己的知识面。教师也可在教学中穿插讲解这方面的知识。

5. 强化语音知识，加强语音模仿

在学生当中，有很大一部分几乎没有受过正规的语音训练，他们对语音和听力的重要性认识不够。教师要通过讲解理论知识、音素、重音、不完全爆破、连读、辅音连缀、音的同化、音的省略、升调降调等来帮助学生纠正不正确的发音；通过辨别相似音素之间的区别来培养学生对语音的敏感性。

教师应该首先认识到英语语音的重要性，以正确的方法引导和教授学生。在保证自己英语发音标准正确的前提下，教师要向学生及时、系统且细致地讲解相应音素的发音规则和要领，并在平时的教学过程中，对容易出错的单词的发音加以严格而有效的检查。如果学生出现错误，教师要及时加以纠正。并且，在平时带领学生学单词时，教师要多领读几遍，注意学生的发音，尽可能地帮助学生克服方言对英语语音学习的消极影响。

6. 改变英语听力教学模式

对于学生来说，其英语基础水平较低、英语听力能力较弱。如果教师的教学模式一成不变，仍然沿用传统的教学方法，就会降低学生的英语学习兴趣，扑灭学生的学习热情，进而难以提高其英语听力水平。随着教育措施的不断改革，教师也要与时俱进，不断进行英语听力教学改变，找出适合学生的教学方式。例如，教师可以将翻转课堂引入英语听力教学中。翻转课堂是指在课前教师将制作好的视频、音频或多媒体课件等数字材料发送给学生，并布置学习任务。学生可以先利用这些数字材料进行自主学习，待课堂上再与教师互动、交流，以达到学习的目的。在翻转课堂教学法中，教师从课堂知识的传授者转变成“幕后引导者”，而学生则从被动学习的接受者变成主动的研究者，对教师提出的“疑惑”进行解答。此外，翻转课堂教学法可以促进生生交流、师生互动，让学生高效地完成知识的内化，进而提高学生的英语听力水平。

7. 听力教学与其他技能教学相结合

听、说、读、写是人类进行正常的语言交际所必备的基本技能，而听力理解能力对其他语言技能的获得和提高起着重要的作用。因此在听力教学中，教师应当将听力技能的培养与其他技能的培养结合起来，并以听力技能的培养促进其他技能的提高。学生在听力方面常遇到以下问题：生词——关键性的生词会妨碍学生对句子乃至段落的理解；语法结构——多种不同语法结构的存在会造成学生思维与语速的不协调，影响他们对句子或语篇的全面理解。因此教师在听前可以让学生预测听力材料的内容，进行词汇和语法练习等活动。在听的过程中，教师可以要求学生做记录，以此锻炼学生做笔记的能力。听的过程结束后，教师可以组织学生进行适当的练习，加强他们对听力内容的理解。

8. 选择更合适的英语教材

由于传统的听力教学内容难以满足学生的专业需求，所以教师在进行授课前，要有效地甄别和选择适合学生专业的英语听力教学教材。同时，听力教学的最终目的就是让学生提高其英语交流能力，因此，英语听力教材越贴近生活、工作，语态越真实，越有助于学生听力能力的提升。例如，教师可以在网络上寻找广播、电视口播、演讲以及电视剧和电影中符合学生专业、工作或生活场景的素材，让学生进行听力练习。

二、英语口语教学

（一）新时期环境下大学英语口语教学的特点

在信息技术飞速发展的环境下，大学英语口语教学呈现出以下几个特点。

1. 教学资源越来越丰富

随着信息技术的不断发展，互联网上汇集了大量的信息和知识，有些网站拥有非常丰富且优质的教学资料和资源，很多口语学习和训练的资料及软件都可以从互联网上免费下载。教师和学生都可以方便快捷地从互联网上获得大量的英语口语学习素材，使传统教学中资料不丰富、素材不实用的缺憾得到了弥补。

2. 突破了学习的时空限制

通过网络进行学习时，学生将不再受到时间与空间的限制，而是在任何时间、任何地点都可以便捷地登录相关的网站开展口语的交流与训练。

3. 学生学习口语的热情和积极性被充分调动

互联网上一些英语教学网站和平台会刻意迎合青少年学生的心理特点和习惯，以声音、视频、图画、动画作为载体将学习内容呈现在学生面前，这样学生的学习热情以及积极性比较容易被调动和激发。

4. 个性化的自主学习更容易实现

网络上的知识浩如烟海，比教师及教材所承载的信息量要大得多。通过互联网开展学习，学生有更多选择的空间，能够自主掌握学习的进度，学习效果自然也会随之提升。

（二）英语口语教学存在的问题

1. 英语课程设置不合理

第一，在很多高等院校里，尽管学生使用的是同一本教材，但每个院系的英语课时是不一样的。因此，教材中有些内容会根据课时的要求进行删减。再加上有的班级单周或双周时只有一节英语课，所以在课时少的班级里，教师没有足够的时间安排课堂活动，同时也没有专门的口语课程，学生练习口语的机会就比较少。

第二，大学英语课程设置没有跟随社会需求进行与时俱进的改变。外语教育应当为国家战略和社会发展服务，学校和英语教师都应该有这种大局意识和责任意识，并在平时的教学过程中传输给学生。然而有的教师只是一味地在教学生怎样学英语，却没有告诉学生英语到底是什么，以及为什么要学习英语。学习英语如果没有足够的使用机会和交际需要，再高水平的英语学习者也会出现僵化现象。目前来看，大学英语的学习者练习英语口语大多是为了通过各类考试。但是考试过后，学生就会对练习英语口语有懈怠情绪。这是因为很多学生学习英语只是为了短期目标，并没有长远的目标。英语口语水平的提高是一个漫长而艰辛的过程，因此这样的学习方法和心态是不利于英语口语水平的长期提高的。

2. 学生口语基础薄弱

由于生源复杂，高等院校的学生英语水平总体较低，英语口语水平也有很大的区域差别。有的学生来自普通高中，有的学生来自中专院校，两者的培养方式以及教学模式有很大的区别。这就造成了大学英语教师在进行教学设计时的难题。

第一，在课堂口语教学的过程中，教师难以满足多个层次学生的需求。很多教师倾向于加强对学生基础知识的教学，比如发音、语法、句式结构等。但这样的模式大多枯燥乏味，很难引起学生的兴趣并让他们积极配合教学。有的教师会设计生动新颖的课堂活动，鼓励学生进行口语练习，但实际的实施情况总是不尽如人意的，有时可能只有少部分学生可以真正训练到口语，其他学生往往体会不到说英语的乐趣。所以，如何在提高口语水平和有效的课堂互动中找到一个平衡点，对于大学英语教师来说是一个非常值得思考的问题。

第二，很多口语水平差的学生在口语练习中都对英语有抵触情绪。这种情绪的成因很复杂，可能是因为教师，可能是因为同学，也可能是出于自身的自卑心理。由于英语学习的主动性和自信心不强，他们不愿在课堂上大声说英语。

第三，有些学生只重视英语的笔试成绩，忽略了英语口语的重要性。所以，在这样的错误认识下，学生对英语口语逐渐失去了兴趣和信心。

3. 缺少口语练习环境

第一，大学英语课堂上学生练习口语的形式大多为朗读课文、背诵对话、小组活动等。由于教师没有给予足够的监督和引导，学生的口语水平并没有很大的提高。

第二，课堂上分配给学生练习口语的时间相对较少。这就需要学校在课下给学生提供合适的环境去激发学生的交际需要，因为课后学生要想找到良好的口语练习环境的难度非常大。如今的大学院校中有各类英语比赛以及英语角等活动，由此可见学校对学生英语训练的重视程度，但在具体实施上还是存在很多问题，比如没有营造积极良好的口语学习氛围等。尽管很多教师鼓励学生去参加英语比赛或活动，甚至有口语免试及加分政策，但同学们的积极性还是不够高。有的学生觉得自己口语水平太差，不愿意在那么多人面前比赛；有的学生觉得口语比赛需要花大量时间和精力准备，很麻烦；甚至很多学生都觉得英语比赛就是那些口语好的学生的专属。这就导致口语好的学生学习英语的积极性越来越高，口语水平也越来越高，但口语水平一般甚至很差的学生依然没有任何起色。

第三，大学口语教学的师资不是很充分。学生很少有机会和外教进行交流，大部分还是中国教师在进行英语口语教学。在这样的情况下，学生在练习英语口语时很容易受到母语的影响。同时，这样的方式也无法训练学生运用英语思维进行口语交际的能力。

（三）新时期环境下大学英语口语教学模式

高校应当将网络技术引进到英语教学中来，在网络的基础上建立起大学英语口语教学的新模式。教师应引导学生登录网络进行英语口语的训练和学习，这种形式的学习使得学生不再受到传统教学局限性的影响，可以随时随地利用空闲时间开展口语练习。而且这种口语学习的方式比较直观、生动、活泼，有着很强的互动性，能够满足学生的喜好，调动起他们学习的积极性和参与热情，比较容易实现大学英语口语教学的目标。教师的教学应当以学生为中心，重点关注教师与学生之间、学生与学生之间的协作情况和对话情况。教师应当首先对互联网上的信息加以筛选和组织，然后再提供给学生，正确引导学生开展口语练习，有效提高他们的口语交际能力。教师可以按照布置课堂任务、进行课前教案准备、课堂上展示资料、对学生的学习成果进行评价并向他们进行反馈、进一步巩固并且提升学习效果这个程序来进行教学。

1. 布置任务

每节口语教学课结束前，教师通常会向学生布置一些下节课的练习内容，并将具体的要求以及内容上传到班级的公共平台，包括练习的注意事项、评分的标准等。口语练习的主题应当丰富多样，题型应当新颖活泼。教师还可以将一些参考资料同时上传，以方便学生在练习时加以使用。口语练习小组可以根据这些上传的作业及要求选择适合本组的练习内容，确定好采取哪种练习方式后报告给教师。教师可以通过公共平台与学生开展交流和互动，在需要的情况下，给予各学习小组的学生以具体指导。

2. 课前准备

我国的大学生在口语交流时能够脱口而出的词汇非常有限，而且大部分学生的口语交流用词十分雷同，还有的学生每当需要用口语进行交流时总会觉得自己的大脑中无词可用。随着网络的日益普及，学生可以在互联网上寻找到大量可以开展口语训练的资源和平台，并利用它们进行自主学习。在这个过程中，英语教师应当根据自己的经验，为学生提供一些必要的指导，提醒学生要区别口语与书面语的不同，指导学生将书面语转化成为口语，以提高口语教学的实用性。

网络上可以用于英语口语交流的平台和工具日新月异、层出不穷，比如微信、微博以及聊天室，还有一对一口语教学平台的涌现，使得人们用英语交流的渠道更加多样化。人们既可以公开地使用英语进行交流，也可以采用私下的交流方式，如文字、语音、视频等都可以成为交流的方式。网络上人们往往可以不必公布自己真实的身份，这时候一些生性内向的学生反而会放松心态，自然地与他人进行英语对话和交流。网络上有一种专门用于英语交流的聊天室，这里汇聚的都是英语学习者，而且还有一些口语纯正的外籍人士，学生可以在这种平台上顺畅地与他人进行口语练习及交流。

在网络上，大学生还可以自主创建聊天室，然后邀请同学、教师、网友进入，共同展开英语口语交流。聊天室中还可以开展一些简单的辩论或者讨论。但有效开展口语交流的前提是要做好聊天室的管理，这时候教师应当选择一些实用性强的主题引导聊天室内的人员进行交流和讨论。教师要对聊天室的话题进行必要的引导，对于一些口语基础较差的学生进行一对一的辅导。

3. 课堂展示与评价

口语练习小组应当每隔一段时间就在课堂上展示一次自己的学习成果。教师要引导学生将各种准备展示的口语资料上传到班级的公共网络平台之上，其他学生也可以对这些内容进行观摩和讨论。各小组通过自己准备的图片、文字、视频、音频等来展示本组的学习成果，能够使学习成效进一步提升。其他学生不仅可以观摩各小组的展示，而且还可以对这些表展示行评价和讨论，这些评价和讨论的内容可以实时上传到班级的公共平台。展示结束后，教师和学生可以一起按照既定的标准为各组打分，然后由教师对每组给予综合的评定，肯定好的方面，指出存在的问题。每当一个阶段的公开展示活动结束后，教师可以将表现突出的展示资料保存到班级的公共平台上，以起到展示和参考的作用。

4. 巩固提升

语言学总结出了语言学习的过程，那就是知晓、学会、熟悉和自动使用。其中知晓和学会通常可以在课堂上实现，而熟悉和自动使用则需要在课堂之外经过大量的练习才能达到。因此大学英语教师还应该针对学生的实际需要，通过自己的努力建立英语口语资源库，以满足学生在大学期间进行口语学习的需要。在组建口语资源库时，应当根据不同的训练目标将资源库分为不同的模块，比如听力检验专区、发音模仿专区、绕口令专区、角色扮演专区等。因为不同的学生会有不同的心理和人格特点，而且他们的年龄段、学习语言的能力、情感经历、学习的习惯都会各不相同，此前学习英语的经历及程度也有所不同，这样就会使得学生的英语口语能力参差不齐。所以教师在进行教学设计时要充分考虑学生的性别、个性及英语水平等因素，同时还应该设计出一套相应的监控系统，用于随时掌握学生的学习情况。

第二节　英语词汇教学

英国著名语言学家威尔金斯曾经说过，没有语法，人们可以表达的事物寥寥无几；而没有词汇，人们则无法表达任何事物。无论语法掌握得如何好，语音学习得如何好，但如果没有词汇的帮助，就无法表达出意义，那么交际就不会有意义。可见，词汇在沟通中起着举足轻重的作用，它是交际的基础。但是由于受到乔姆斯基普遍语法和结构主义语言学的影响，传统的结构法强调对语法知识的掌握，而对词汇一直未给予应有的重视。在精读教学中，教师只关注语法知识的讲解，词汇教学只是作为语法教学的补充。

因为缺乏语境和有效的方法，学生词汇学习效率偏低，致使他们在具体的语言交际中词汇选择的有效性和得体性受到了极大影响，语言的流利性和准确性亟待提高。词汇运用能力似乎成了阻碍学生语言能力进一步提高的拦路虎。研究表明，词汇量与英语综合能力呈正相关。因而，词汇量的不足影响了学生听、说、读、写、译五项语言技能的提高。如何有效地记忆词汇成了学生交际成功的一个重要方面。

一、语料库与微型语料库在词汇教学中的应用

（一）语料库的含义

语料库（corpus），顾名思义，是语料的集合或语料的仓库。英文 corpus 一词来源于拉丁文，有“全集”的含义。有学者将语料库定义为“由大量收集的书面语或口头语构成，并通过计算机储存和处理，用于语言学研究的文本库”。也有学者认为语料库是基于形式和目的的存储于电子数据库中的文本集合，也是描述自然发生语言的集合。国内学者杨惠中和冯志伟也对语料库做出了较详细的界定。杨惠中指出，“语料库是指按照一定的语言学规则，运用随机抽样的方法，收集自然出现的连续的语言运用文本或话语片段而建成的具有一定容量的大型电子文库”。冯志伟认为，“语料库是为一个或多个应用目标而专门收集的、有一定结构的、有代表性的，可被计算机程序检索的以及具有一定规模的语料集合”。简而言之，语料库就是一个“电子文本集”，而真正意义上的语料库则是按照一定事实上的采集标准采集而来的，能够代表一种语言或者某种语言的一种变体或文类的电子文本集。研究者可以通过专门的软件对语料库进行信息检索，利用概率统计的方法总结语言发展变化的规律。

（二）在词汇教学中的应用

教学所需的语料库与研究中所用的语料库有所不同。倘若语料库过于庞大，就很难找出在教学中需要突出的重点和难点，就不能有的放矢地开展教学活动。我国学者梁茂成等人认为，“由于目前还缺乏一个分级的教学用语料库，广大教师可以自行设计、量体裁衣，这样才便于因材施教”。但即使这样的语料库也明显存在以下两个问题：第一，由于语料的庞杂和索引行内容的不可预测性，教师在课堂上对即时使用语料库有所畏惧。第二，若将所有的索引行和盘托出，直接用于教学，难免会使学生淹没于语言的汪洋大海中，使学生望而生畏，伤害学生的学习积极性。所以，教师必须在课前做一些必要的准备，将难度合适、重点突出的语言材料整理出来，以便于即时操作和自如运用。为此，梁茂成等人提出了“微型文本”的概念。“微型文本”是通过检索工作从语料库中得到的包含若干索

引行的文本。之所以称它为微型文本，是因为它在体积上比起原语料库的样本要小得多。这样的微型文本用作课堂演示、教学讲解和课后学生自主学习的素材时，可以省去使用大型语料库的种种复杂操作。它具有语言真实、目的性强、灵活性强和重点突出四个特点。

笔者多年从事英语教学研究，积累了一定的英语教学经验。基于语料库的相关理论，根据实际教学需求，笔者建立了一个微型词汇教学语料库，并将其应用于大学词汇教学中。该微型语料库包括大学英语选修及必修教材中所有课文里的词汇。之所以选用以上教材作为语料库的素材，基于以下两个原因：第一，大学英语教材有着严密的体系性、精湛的实用性和浓郁的趣味性，深受广大英语学习者的喜爱；第二，为了使学生将课外英语学习与学校英语科学有效地结合在一起，该微型教学语料库同时包含了部分课外英语阅读中的词汇。

二、象似性视角下的英语词汇教学

自 20 世纪 80 年代开始，大量关于词汇习得的理论产生，学者们从不同的角度来探讨词汇的习得方法，但是大多都集中在传统的教学方法上。然而随着英语词汇学的发展，传统教学已经无法满足大学教学的需求，学者们逐渐从其他教学展开词汇教学的研究，也正是在这种学术研究环境下，象似性逐渐成为词汇学领域的热门话题。

象似性的提出，是相对于任意性而言的。早在 1916 年，现代语言学创始人索绪尔在《普通语言学教程》中提出了语言符号的任意性原则。任意性原则也被看作语言学界的金科玉律，统治语言学界近半个世纪。然而，从 20 世纪 60 年代开始，随着认知语言学的发展，任意性原则受到了质疑和挑战，而象似性理论的研究发展迅速，研究范围不断扩大，国际性的研讨会频繁召开，这标志着象似性原则开始受到越来越多的语言学家的关注。词汇象似性包括语音象似性、词形象似性、词义象似性和词源象似性。

语音象似性是指词的语音形式与词义之间存在一定的联系。就语音象似性而言，可以将其分为主要拟声词和次要拟声词。主要拟声词是指一些拟声词和感叹词，如 giggle（咯咯地笑）、hum（哼）。次要拟声词指某个语音或某组语音与某个意义相连，如 /sl/ 常表示“滑、滑动”，如 slide、slick、sly、slip 等。

词形象似性是指一个词的词义可以通过该词的形态构成分析得到，通过推断该词的每个组成部分的意义来获得整个词的意义。从构词的角度来讲，一些简单的词的构成是没有理据的，是任意的。然而一些通过构词方法如派生、合成、拼缀等方式构成的新词，则都具有理据性，而这类词在英语中又占大多数，如 painkiller（止痛片）、reading-lamp（台灯）、miniskirt（迷你裙）等。

词义象似性是基于词的概念意义的一种复杂的心理过程，主要是指一种心理联想。因为词的意义与其构成形态之间没有直接的显性的联系，它不是各部分的词义的综合，而是两个认知域之间的结构映射，即从源域到目标域的投射。也就是说从词的基本意义映射到词的延伸意义，但无论怎样变化，其最终含义与本义之间总会有一定的联系，新义的产生可以从本义中找到解释。例如，“plain”一词，原义是指平原，当我们用它来描述人的时候，可以指人的相貌平平。

词源象似性是对词的意义来源的解释。英语中存在很多的词汇与它的词源有着紧密的联系，每个词都有其特定的根源，而这种根源往往会影响词汇所具有的含义。了解了词汇的根源，可以帮助我们更好地理解词汇现在所被赋予的含义。例如，pen（钢笔）本意是 feather（羽毛），因为当时羽毛是欧洲通用的书写工具。尽管随着社会的进步，人类的书写工具不断地更新换代，但是 pen 一词仍沿用至今。

第三节　英语语法教学

一、语法学习的必要性及作用

学习语法的目的是“促进理解、监控输出”。所谓促进理解，是指学习者运用所学语法知识解决阅读过程中遇到的某些疑难问题。当学习者在阅读中遇到难以理解的复杂句子时，往往会分析句子结构、句子各部分的作用及其相互关系，以期达到理解的目的。语法的第二个作用是监控输出，这里的输出包括口头和书面表达。虽然外语学习者出现错误是难免的，特别是在口语输出中，但是意识不到错误或忽视错误都不利于学习者整体语言水平的进一步提高。

语法教学至少在以下三个方面对英语教学起作用。

第一，使输入更易理解，使学习者接触的语言系统化；

第二，使学习者更易于把接收的语言信息分析成可以理解的语言单位；

第三，肯定或否定学习者对目标语所做的无意识的假设。

第二语言学习研究者、实践者都认为语法能力是交流的必要条件。许多研究都证明了语法教学对英语学习的积极作用。语法教学可以加强学习者的语言熟练程度和准确性。一些研究还表明接受过语法教学的学生较之没有接受过语法教学的学生来说，学得更快，取得的成就更高。

二、语法教学策略

（一）语法翻译法

语法翻译法最早出现于 18 世纪晚期的欧洲，距今已有三百多年的历史。早期的语法翻译法过分重视语言知识的传授，忽视语言技能的培养；夸大语法和母语在外语学习中的作用；教学过程比较机械，脱离了语言环境。因此，从 19 世纪末至今，语法翻译法一直遭到批判和否定。在我们全面推行课程改革的今天，语法翻译法仿佛就是落后、守旧的代表和化身。然而，研究表明，教学方法效果的大小不在方法本身，而在于教师是否能够善用。现今的英语教学受直接法的影响，强调让学生“用英语思维”，尽量减少母语的影响，似乎学好英语的前提就是要忘掉母语。然而，“用英语思维”对绝大多数中国的英语学习者来说，在学习的过程中是很难做到的。因为完全不受母语的影响，不管是从理论上思考，还是从实践上观察，都是不可能的事情。从某种意义上说，语法翻译法体现了外语学习的本质，即外语学习是在母语环境中和母语教师指导下进行的学习。它的主旨在于通过目的语和母语之间语言形式的转换，达到两种语言之间信息交流的目的。因此，在一定条件下，教师在教学过程中借助学习者的母语来讲解词汇及语法规则，可以避免在直接法、交际法中可能会出现的学习者对语言知识一知半解的情况。教师通过分析、展现各种语法现象可以帮助学生建构系统的语法框架，使学生更清晰、更高效地认识语言的系统性。

（二）简图呈现法

语法作为语言使用的规则，本身具有一定的抽象性，因此，有些语法项目很难用语言清晰地表达出来。在这种情况下，教师可以使用简图、图片、表演等手段使其形象化。

我们知道，对时间状语从句中连词的理解和选择要基于我们对主句和从句中两个动作的时间关系的判断。如果教师只是用语言去描述 while、when、as 三者的区别，学生会难以理解。比如，as 和 when 引导的从句既可表示某一刻时间，也可表示某一段时间，从句中的谓语动词既可以是短暂性动词，也可以是持续性动词；while 引导的从句通常表示一段时间，从句中宜用持续性动词作谓语。如果从句和主句表示同一个人的两个动作交替进行或同时完成时，则应用 as，可译为“一边……一边……”。在这番描述中，教师就必须用到很多术语。由于学生的语言理解能力以及想象力都是有个体差异性的，所以教师的讲解，在每个学生头脑中呈现出的画面不统一，就会给时间状语从句的教学造成一定的障碍。如果教师设计出两个动作的对比画面，让学生“看”到一个统一的情境，并且配上思路的简图（图 4-3-1），学生就会很容易理解 while、when 和 as 的不同及相同之处了。

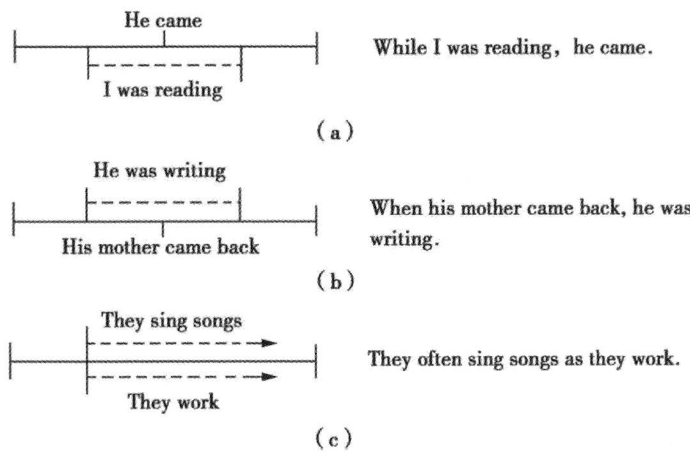

图 4–3–1　简图呈现法

（三）交互式语法教学法

新课程标准强调对学生语言交际能力的培养，交互式语法教学的理念符合新课程标准的要求。交互式教学理论认为学习是一个认知交互的过程，并且强调个体与环境之间的交互作用。交互式教学为学习者提供认识、体验、实践目的语的机会、环境和条件，提倡合作学习、探索学习和体验学习等学习方式，其主要特征就是互动性。交互式教学法包含三种交互活动形式，即师生之间的交互活动、学生之间的交互活动和人机之间的交互活动。人机之间的交互活动指在语法教学的过程中，教师可以借助多媒体教室和网络通信技术的交互功能，建立师生合作和生生合作的机制，为英语语法教学提供更广阔的空间。

第四节　英语阅读与写作教学

一、英语阅读教学

（一）当前英语阅读教学中存在的问题

1. 英语教学模式落后

现阶段我国高校英语教学的模式还比较落后，难以激发起学生的学习兴趣和热情。这是因为当下大部分教师还秉持着旧的教学观念，课堂上还沿用着传统的教学模式。教师始终处于教学的主体地位，只是机械死板地将教材中的内容灌输给学生，课堂上缺乏有效的互动。因为这种落后的教学模式，学生往往会失去学习英语的热情，教学也无法取得更好的效果。

2. 高校学生词汇量不足

目前大部分高校学生的词汇量还很匮乏，在进行英语阅读时困难重重，无法比较深入地理解所阅读的文章，阅读能力也就无从提升。词汇量严重不足自然就会抑制学生学习英语的热情，因此他们运用英语的综合能力也就很难得到明显提高。

3. 文化背景知识教学滞后

学习英语时，相关的文化知识及背景资料的学习也是必不可少的，但在我国传统的英语教学课堂上这类内容可以说是少之又少，即便遇到，教师往往也是几句带过。实际上，熟悉目的语国家的文化历史及背景对于语言的学习意义重大。学生如果对于相关的文化背景一无所知或一知半解，那么在学习过程中也会困难重重。所以，教师在英语教学时万万不可省略文化背景知识的相关内容。

（二）新时期背景下大学英语阅读教学策略

1. 微课在英语阅读教学中的设计与应用

随着信息技术的发展，“微”已经融入人们生活的各个领域，并改变着人们的生活方式和工作方式。微课也已经被成功地运用于大学英语的教学过程当中。

（1）英语阅读教学中微课的设计原则

①功能化。通常一个微视频的时长约为 8~10 分钟，在这一时间段内，设计者要充分考虑到每个知识点的教学目标，努力突出其功能。针对英语阅读教学的不同环节，微课视频的设计要突出不同的重点。当为课前阶段所用时，微课的内

容应当以介绍课文的文化背景为主；当为课堂阶段所用时，微课的内容应当以分析阅读难点重点、讲解阅读技巧、总结教学的主要内容、布置本堂课的作业为主；当为课后阶段使用时，微课的内容可以是教师对于知识点的详细分析、对于课堂教学内容的总结等。

②系统化。微课设计的重点是构建相关的知识体系，需要将一些相互关联的知识以及一些逐渐增加难度的知识同时融合进这个知识体系当中。每个微课视频都会重点讲解一个知识点，这一个个的知识点最后会变成一个知识系统。

③兴趣性。设计微课时，教师务必要将学生的兴趣点作为重点来考虑。如果能够顺利营造出一个轻松愉悦的学习氛围，学生就很容易迅速融入微课的教学环节当中去。教师应当提前与学生进行沟通，了解学生在学习过程中遇到的难点，然后针对这些难点来设计微课视频的主题，以保证学生学习的效率。另外，微课视频中要尽力减少长时间的理论性的讲解过程，要把足够的时间留给学生思考，这样才能真正提高学习的效率。当一小段理论讲解结束后，教师马上就应该安排一段练习来帮助学生理解和消化，还要对学习的效果及时进行跟踪和测试。

（2）微课应用于英语阅读教学的具体流程

微课应用在英语阅读教学中的流程包括前期分析、内容设计、视频制作、课堂设计和评价五个环节，如图 4-4-1 所示。

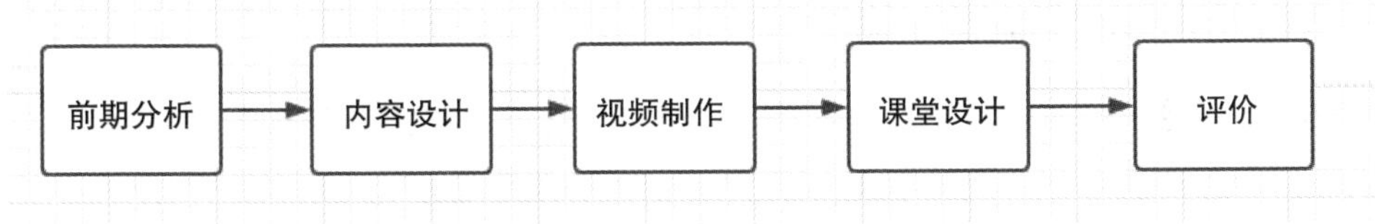

图 4–4–1　微课应用流程图

2. 唤醒学生的学习潜能，培养他们自主学习的意识

教育的艺术不在于传授本领，而在于激励、唤醒和鼓舞。一旦学生的求知欲被激发出来，他们就会如饥似渴地主动学习，独立思考，充分发挥主观能动性，挖掘自己的内在潜能。同理，英语学习要培养学生的应试技能、语言技能和交际技能，就必须要唤醒学生的学习潜能，培养他们自主学习英语的意识和能力。只有学生成为学习的主人，才能把英语学好，真正实现大学英语新课程改革的目标。

英语学习者确立正确的认知方式和学习观念是必不可少的，因为学习行为受学习观念的支配。成功的语言学习者的自我管理能力一般都比较强。他们不仅掌握了从事各种学习活动、解决各种学习难题的技巧和策略，而且能够灵活地选择策略完成具体的学习任务。自主学习正是语言学习成功者必不可少的认知方式和学习理念。理想的自主学习是指学习者有能力决定自己的学习目标、方法、地点、材料，并且能对自己的学习进行监控、评估和调整，但是大多数学生还远远达不到这种自我管理的层次。在当前的英语教学改革中，只有认识到自主学习的必要性和重要性，并且培养学生自主学习的意识和能力，才能有效地提高学习的成效。简言之，实现自主学习的关键是学习者积极主动的学习态度和良好的自我管理能力。

3. 采用任务型教学模式，驱动学生大量输出

任务型教学法是20世纪80年代兴起的一种外语教学模式，是交际教学法的发展，是由美国教育家杜威以实用主义作为理论基础而提出的。杜威主张“在做中学”和“用语言做事”，认为教学的中心应从教师转向学生，教师应引导学生在各种活动中学习。在任务型教学模式下，教室变成了交际环境，教学过程变成了知识输送、信息获取、任务完成和语言习得的过程。教师要因时、因地、因材施教，在大学英语课堂上设计适合的、形式多样的活动，并且循序渐进地实施。

二、英语写作教学

（一）大学英语写作教学现状

长期以来，在各高校的高度重视和广大英语教师的共同努力下，大学生的英语写作能力和水平有了大幅度提高。大学生的英语思维能力、语言组织能力、语言表达能力都得到了极大的锻炼，英语语感也在不断增强。但笔者从四、六级考试结果和日常教学工作中发现，大学英语写作依然是大学生英语学习的一个薄弱环节，也是大学英语教学中容易被忽视的方面。以笔者所在高校为例，本科生的大学英语写作教学还存在以下问题。

1. 重视程度不够、交流方式单一

由于英语教学内容多而课时少，教师往往无暇顾及费时、费力又不易见效的写作教学，没有对学生进行系统的写作训练。有的学生虽然通过了四、六级考试，但写作能力还在原地踏步。同时，在日常教学和学习中，师生、生生之间有关写作方法的交流、写作材料和范文的分享不够。

2. 缺乏语言输入和思辨能力的培养

学生在写作的过程中照猫画虎，存在严重的“思辨缺席”，往往对一个话题

缺乏判断推理、思考和辨析的能力。学生对同一话题文章的输入不够、资源共享不足，不能做到真正的以读促写。

（二）“互联网 +”背景下大学英语写作教学

学生是教学的中心，要发挥学生的主观能动性，教师就要做好学生的后盾，这一点在写作教学中尤为重要。在英语写作教学中，教师应该创设一种情境，引导学生用正确、规范的语言表达自己，以提高语用能力。“互联网 +”教学可以实现线上线下混合式教学，促进“教”与“学”的良性互动。其具体作用如下。

第一，有助于课前准备和预习。教师可以利用“超星学习通”等在线教育平台的公告、讨论以及问卷功能，让学生选择写作话题，避免任务设计中只按教师的主观判断来选择和分配任务，让课程更能满足学生的需求。另外，教师将学习资源重新整合，并把知识点提炼制作成微课放在网上，有助于学生自主预习和学生间互相讨论。

第二，有助于课堂互动。上课过程中，教师可以通过网络平台推送教学资料到学生端，让学生把“玩不离手”的手机变成“学不离手”的工具。同时教师可以利用线上分组、点名、投票等功能，提高课堂的紧张感，抓住学生的注意力。

第三，有助于教学监督。教学应更注重教学过程而非最终结果。“学习通”和“批改网”等平台能保存学生课前、课中和课后各类学习数据，可以为教师提供过程性评价的依据。学生可以在线完成小组任务，还可以进行同伴互评。教师利用客户端随时检查学生的完成情况，利用碎片时间监督学生学习。此外，“批改网”人机评阅相结合的方式提高了作文评价的信度和效度。若发现作文相似度较高，系统会向教师发出提示，有效杜绝了“抄袭”现象，减轻了教师批改作业的负担。

第四，有助于反馈与总结。互联网资源弥补了写作任务缺乏及时反馈的缺陷。系统可以实时、自动指出学生作文中的表达和结构问题，激励学生自己改错、自主学习。教师可以根据后台分析，掌握学生出现的共性问题，还可以针对不同学生遇到的写作障碍，提供个性化、差异化的辅导。

（三）微信平台在大学英语写作教学中的应用

2011 年，微信问世，因其具有较小的流量消耗、较高的兼容性、较丰富的信息传递模式，以及强大的社交功能等，迅速风靡全球。几乎所有的大学生都在使用微信，其中 55.9% 的大学生通过微信及时了解各类资讯，48.3% 的大学生通过微信来处理信息。庞大的大学生用户量为人们利用微信创新大学英语教学提供了新的契机。微信软件具有传送声音、图片、文字、多媒体信息等功能，可以使大学英语教学更加丰富多彩，教学吸引力显著增强。教师可以根据教学需要建立3—500人的微信群，每一位群成员都可以在群里发表自己的观点，与其他成员分享各方面的经验和体会，而撤回重新编辑的功能让修改文字内容变得更加方便。同时教师可以利用微信的聊天功能，与学生相互交流、探讨写作技巧，解决了师生沟通困难等问题。微信平台应用于大学英语写作教学中，既开创了新的教学模式，又解决了大学英语写作传统教学中的很多问题。

1. 微信平台在大学英语写作中的作用

（1）实现教学方法的创新

借助微信平台能够有效扩展大学英语写作教学的时间和空间，比较容易地实现“不见面、大家说”的过程教学法。该教学法主张以学生为教学中心，将学生主动参与、教师指导贯穿于写作的全过程，不断启发、帮助、纠正学生写作，激发学生对写作及英语学习的兴趣，从而提高学生的英语写作能力。这种方式更加有助于大学英语写作学习氛围的培养，具有很强的便捷性和优越性。

（2）实现交流方式的改变

利用微信平台，学生可以通过手机在线的方式参与讨论，真正实现无障碍沟通，从而弥补课堂教学时间有限、班级容量过大等不足。教师应鼓励学生参与话题讨论，从而培养他们的思辨能力。

（3）实现学习资料的共享

教师可以通过微信群提前布置相关的文章预习，使学生在熟悉话题的同时储备一些英语词汇。教师还可以建立微信公众号，定期探讨英语写作学习方法，收集写作话题和素材，分享同一类型、同一主题的文章，关注四六级、考研乃至雅思、托福等考试中的写作动态。这样不仅可以提高学生对英语学习的兴趣，而且有利于提高他们的英语写作能力，丰富他们的英语语言知识。

2. 利用微信平台进行大学英语写作教学的具体措施

（1）确定主题

教师根据课程内容，选定题材和体裁，在微信平台上发布写作主题，并提前确定一些与主题有关的情境词和关键句供学生参考，引导他们展开想象力。

（2）分组讨论

小组成员在微信平台中就写作主题，通过发送文本、图片、音频、视频等形式进行深入讨论，发表观点见解，交流写作思路，确定写作方案。

（3）开展创作

每个小组成员都可以通过电脑、手机等工具进行文章创作，然后发布到小组群里。这样可以起到相互学习借鉴的作用，通过学习别人的作品来获得启发。

（4）交流讨论

在写作过程中遇到难点和重点时，借助微信平台更新快、回复快等优势，小组成员可以对词汇意义的理解、词语的搭配、语法的使用等进行积极讨论。教师也可以根据需要进行有针对性的指导帮助，指出错误，指明正确的写作方向。

（5）作文互评

作文互评的目的在于分析、诊断写作教学过程中存在的问题，为正在进行的写作活动提供可借鉴的指导，确保写作过程的高效和写作内容的高质量。借助微信平台，小组成员之间可以进行作品互评，教师可以针对出现的普遍性错误发布注意事项。

（四）微课模式下的大学英语写作教学

1. 微课应用于大学英语写作教学的意义

（1）顺应当前时代发展

随着改革开放的不断深入，我国社会逐渐进入信息化时代，如今的大学生更是这个信息时代的重要参与者。现在，几乎所有大学生都拥有属于自己的手机和电脑，他们通过微信、QQ、微博等渠道获得外界的信息。很多大学生都患上了手机依赖症，甚至在上课期间也要实时查看。所以传统的课堂模式已经不再适合现在的学生，无法调动起他们参与课堂教学的积极性。在这样的情况下，教师也不应该过于墨守成规，一直采用过去枯燥的教学模式，而应该顺应时代潮流，迎合学生的兴趣点，多加利用信息化的电子设备进行教学，而微课教学形式恰好可以满足这样的需求。

（2）推动英语教学改革

传统的英语写作课往往时间很短，学生在几十分钟的时间内并不能进行完整的英语写作学习。因为在整个课堂教学过程中，教师要进行写作知识和技巧的讲解，还要在这个过程中和学生进行互动，这已经需要消耗整节课的时间了，所以很多对于写作有用的范文就没法呈现给学生进行知识的补充了。而微课的优点就在于教师可以将课堂上没法对学生进行讲解的内容在微信或者是微博的公众号上进行推送，这样学生就可以利用自己的业余时间选择性地学习观看。这样的教学形式可以让学生产生兴趣，并且推动了教学改革进程。

（3）推进新型教学关系的发展

在大多数的英语教学课堂上，由于上课时间较短，教师想要完成教学目标就需要将非常多的教学内容快速地传达给学生，而且一直是教师在讲台上讲授、学生在下面听课的形式。学生要在这种枯燥的学习环境中吸收大量的知识，确实学习的效果会不理想。而微课的优势就在于可以转变当前的教学模式困局，以学生为主体，以教师为主导。这样，师生关系可以更加和谐，也能够顺应教学改革的步伐，提高学生的实际学习效率。

2. 微课应用于大学英语写作教学的策略

（1）应用模式

在大学英语写作教学过程中，教师可以利用微课调动学生课前预习的积极性，告诉他们在课堂上将会学到的知识，并且对教学内容进行简单的解释，这样学生就会产生疑问。带着探索的精神进行学习，可以使学生更加积极地参与到课堂中来。教师也可以将学生在知识运用上可能会遇到的问题、知识的重难点制成总结性内容帮助学生进行课后复习。在过去的传统教学模式中，学生很少会重视对于新知识的课前预习和对于复杂难题的课后复习，而在微课教学模式中利用生动形象的视频可以调动起学生预习和复习的主动性。

（2）微课制作

在内容上，微课应该制作得有针对性并且相对简洁，这样有利于帮助学生进行知识的巩固。比如，教师在内容上只有针对一个主题进行讲解，才能将知识讲解得透彻，并且不会使学生产生厌倦的感觉，这样才能产生好的效果。

微课教学模式是采用精简的小视频形式，用最快的速度将要讲解的知识点引入进来并且尽量用通俗简单的方式讲解出来。在进行微课制作时，教师切记要注意微课整体的统一性与逻辑性，围绕着同一个主题选择教学资源，这样一来学生在进行微课的学习时才能厘清教学主线，而不是“东一榔头、西一棒槌”地对知识进行松散的记忆。

总之，微课的产生对于教育事业来说是一笔可喜的财富，它为教师和学生带来了教学与学习的新体验。多种教学手段共同作用是新时代教育发展的新模式，也能够为英语写作教学提供更多的可能性，使英语写作教学能够发挥更大的作用。

3. 基于微课的教学实践过程

在课前，教师通过微课帮助学生进行课前预习，向学生介绍在课上将会讲解到的具体内容，并且留下预习的作业。教师上传相关资料，学生在了解学习内容后，通过自主地查阅视频和文字资料，完成课前预习。

在课中，教师的授课重点可以根据学生课前的反馈情况来确定，这样更有利于帮助学生进行知识内化。教师可以在教学的过程中播放视频，设置一些写作的情境然后让学生进行写作练习。在学生完成写作任务之后，由教师或者集体进行评分，经过不断的写作练习和点评帮助学生完成知识建构。

在课后，教师应该帮助学生进行知识拓展，将在课上学生写出的优秀作品在微课上进行展示，向全体学生分享。

第五节　英语翻译教学

一、翻译的概念

英语中 translation（翻译）一词大约首见于 1340 年，或源自古法语 translation 一词，或更直接来源于拉丁语 translatio（传送，即英语 transporting），而 translatio 一词则源自其动词 ransferre（传递，即英语 to carry over）的过去分词。在语言领域，translation 一词有以下几种意思。

①该学科或现象的通称；

②翻译产品，即翻译出来的文本；

③翻译过程。

两种语言间的翻译过程涉及将用一种语言（源语或 SL）写成的文本（原文或 ST）转变成用另外一种语言（目标语或 TL）写成的文本（译文或 TT）。其对应关系如下所示。

①原文（ST）→译文（TT）；

②源语（SL）→目标语（TL）。

所以，当我们将一本操作指南由中文译成英文时，原文是中文，而译文则是英文。这类翻译就是俄裔美籍结构主义语言学家罗曼・雅各布森所说的“语际翻译”。雅各布森发表过一篇题为《论翻译的语言学问题》的论文，对翻译领域产生了深远的影响。他将翻译分为以下三类。

①语内翻译，或称“重述”——将语言符号用相同语言的其他符号翻译；

②语际翻译，或称“严格意义上的翻译”——将语言符号以不同的语言翻译；

③符际翻译，或称“转换”——将语言符号以非语言符号翻译。

这些都是从符号学角度所下的定义。符号学是关于以符号和符号系统进行交际的普通科学，语言只是诸多符号中的一种。这里将符号学用来定义和分类翻译具有非常重要的意义，因为翻译并不总局限于语言之间。例如，在符际翻译中，书面文本就会被译成不同形式的文本，如音乐、电影或者绘画。音乐人杰夫·韦恩在 1978 年改编的著名音乐剧便是这样的例子，该音乐剧的原作是英国著名作家威尔斯于 1898 年创作的科幻小说《世界之战》。语内翻译则是以同一种语言摘写或重写原文，例如，重新编写儿童版的百科全书。在同一种语言中，以不同的方式表达也是语内翻译。在下面的例句中，“revenue nearly tripled”就是对句中前面部分文字的语内翻译，短语“in other words”就是具体的标示语。

例句：In the decade before 1989 revenue averaged around NZ $1 billion a year while in the decade after it 1989 averaged nearly NZ $3 billion a year—in other words, revenue nearly tripled.

二、英语翻译教学研究的理论基础

（一）认知语言学理论

作为语言学中一个比较新的理论，认知语言学认为，相对于人类掌握的其他能力来说，语言能力的独立性并不是非常强烈的，它与人们掌握的其他能力关系密切。

在任何一门语言当中，语义的理解不仅仅是一种客观表现，还带有一定的主观性，只有两者相结合，才能使语义的表达更加真切。在语义的研究层面，人的主观看法和心理是无法避免的两个主要因素。所有语言中的单位范畴，可以说都是非离散性的，这和人所建立的大多数范畴基本上是一致的，即不同的范畴之间没有明显的边界。

认知语言学建立的基础是体验哲学，所以与传统的翻译理论相比具备天然这个特点。对于翻译来说，认知语言学更加注重译者的具体实践和表现。实际上，翻译的本质就应如此。但由于观念的不同，这个本质始终没有得到相应的重视。当然，这里所说的重视翻译实践的过程并不意味着对译者的主观思考进行抑制，而是说译者在翻译实践的过程中要受到原文思想和语言的相关限制。

因此，当认知语言学对当前的翻译教学进行指导、对当前的教学方式进行审视的时候，其意义就非常深远了。与此同时，翻译教学的实践也因为认知语言学而打开了一个新的视角，这对于翻译教学中的教师和学生来说，是一种新的思维方式。

认知语言学理论对翻译教学有重要的启示。我们知道，从事翻译工作的主要群体就是翻译工作者，而认知语言学的关注点就是翻译活动中译者对整个翻译过程的认知。通常我们可以将这个过程分为三个阶段，即经历的体验、认知和再现。

对于认知语言学在翻译教学中的作用，有很多学者提出了不同的观点。有的学者认为翻译的过程实际上就是一个创造的过程，在这个创造的过程当中要兼顾作品的和谐性和语篇性；也有学者认为翻译的世界不仅包括现实存在着的世界，还包括人们认知中的世界等。相关的表述多种多样，但无论如何，这些学者都具有相同的出发点，即认知语言学并非一个单一学科，而是一个综合性学科。

（二）建构主义理论

在建构主义教学模式中，学生依然是教学活动的中心，教师在整个教学活动实施过程中的主要作用就是组织、指导、帮助和促进学生学习。同时利用各种环境和方式方法对学生的学习活动进行调动与激发，使学生的主动性和创造性发挥到最大，最终达到预设的教学目的。这就是建构主义教学模式的核心。对于当前环境中的翻译教学来说，建构主义教学模式不仅具备一定的针对性，还具备重要的指导意义。

1. 建构主义理论与翻译教学的联系

建构主义理论是近年来广泛应用于西方国家的一种新兴的教学理论，也是在认知学习理论基础上衍生出来的一种学习理论，是认知学习理论的一个重要组成部分。对于建构主义理论来说，它更注重内在层面的学习过程，认为建构完备的心理需要通过学习来完成。不管是获得知识还是获取技能，仅仅通过教师的讲授是远远不够的，还要通过学生自己的体验和实践。学生以原有的知识和经验为基础，在一定的环境下利用他人（可能是教师也可能是同伴）提供的帮助，通过对工具的合理利用掌握相关的知识与技能，这就是实践中的一种意义建构。

而以此为基础的翻译教学，尤其是课堂教学中，学生的角色也发生了颠覆性的改变。学生不再被动地接受知识和翻译技能，也不再重复单调地进行学习，而是成为课堂的中心、课程的主人。

学生可以通过多个途径来获取翻译知识和技巧，这些途径包括学生之间的讨论、具体的实践以及团队合作或信息的再加工等。通过这些方式，学生的主观能动性得到了充分的调动，相关的知识和技巧也得到了充分的学习和掌握。学生在具体的环境中对相关的翻译知识和技巧进行理解和同化，最终实现有关翻译知识的意义建构。

2. 建构主义理论对翻译教学的启示

（1）在知识建构中发挥学生的认知主体作用

在任何一项翻译实践中，实用性都是翻译活动要遵循的一个重要原则。这对于正在学习翻译的学生来说是尤为重要的。在建构主义理论教学中学生是教学活动的主体，翻译教学自然也不例外。为了尽可能在翻译实践中得心应手，学生就要充分调动自己的主观能动性，积极参与翻译实践，尽最大可能去探索未知领域并获得知识。

与此同时，教师也应当适应新时期的教学角色，从知识的传播者和灌输者向学习的引导者和组织者转变。学生身份的转变并不是说学生可以为所欲为，而是要从知识的奴隶逐渐转变成知识的主人，并在此基础上对知识进行深度挖掘，最终将知识串联起来。

在翻译的实践过程中，由于之前的知识积累和经验总结，学生会对原文产生不同的理解，建构起不同的意义。翻译课堂上教师的一个重要任务就是帮助学生建立相关的知识体系，同时要促进学生去激活这些知识。通常上课之前的准备活动就是为了完成这一任务。当然，课堂中教师的讲解和提示也是完成这一任务的重要手段。另外，学生可以通过一些别的渠道获取与课文相关的资料和知识，例如网络等途径，从而使自己的知识体系更加完善。

（2）在知识建构中发挥教师的“中介”作用

在传统的教学当中，人们总是强调教师在课堂上的作用。从一定意义上讲，教师主导着传统的教学活动，因为从中国古代开始，教师的作用就是传道、授业、解惑。这就奠定了教师在课堂上处于主导地位的基础。

换言之，在课堂上或者说在知识领域，教师的权威性不容置疑。强制性灌输知识的方式对于学生的积极性和创新性来说都是重大的打击。因此，为了调动学生学习的积极性，增强他们主动获取知识的能力，教师应尽可能放权给学生，让学生根据自己的需求和兴趣主动获取知识。

上述教学方式对于教师来说是一种考验，因为每个学生都是不同的，要想调动全部学生的学习兴趣，就要针对不同的学生采取不同的引导策略。只有这样才能激发学生对学习的兴趣，进而产生学习的积极性。与此同时，教师还要尽量调动学生的学习积极性，让学生能够以积极的态度面对问题并尽量自行解决。在翻译教学中，教师要充分发挥自己的“中介”作用，同时对学生提出新的要求。

（3）在知识建构中强化“合作”的枢纽作用

在建构主义的教学观点中，或者说在建构主义形成的教学模式中，学习的过程应该包括师生、生生之间的交流和团队之间的合作。团队之间的相互沟通和合作对于知识体系的构建起着重要的作用。

具体到翻译教学的实践中，就是团队对将要进行的翻译实践进行相关的讨论和交流。在教师启发性问题的引导下，学生可以通过辩证的创造性思维对问题进行剖析和理解，进而及时解决存在于翻译实践中的问题。这种合作过程的主要特点就是交流，包括学生与学生之间的交流以及教师与学生之间的交流。由此我们可以知道，教育是人才培养的主要途径，尤其是创造性教育。也只有创造性的教育才有可能培养出创造性的人才。因此，在翻译教学的实施过程中，利用相应的教学模式对学生的创新能力进行培养意义重大，如采用启发式教学和情境式教学。

在翻译教学中引入建构主义理论，对传统的翻译教学模式来说是一种颠覆，教育的重点从学生知识的掌握转移到实践能力的培养上。也只有这样，培养出来的学生才能更加适应现在的社会，在未来的实践中才能更加得心应手。

（三）新时代的翻译教学思想

教学思想是全部教学实践和教育计划的指针，或者说是指导原则。翻译教学思想应体现翻译教学的基本原则，因为没有正确的指导原则，就不可能有富于成果的实践。教学思想与教学实践的关系正是这样。

在新时代，翻译肩负着重要的使命。翻译的教学思想应该反映时代的特征，体现翻译所肩负的重大使命。这是翻译教学最基本的价值观。因此，翻译的教学思想体现如下：第一，翻译教学必须尽最大努力满足社会需求和目的语文化建设需求；第二，翻译教学必须尽最大努力适应并指引翻译实务的发展；第三，翻译教学必须尽最大努力适应素质教育和素质教学的要求。

脱离社会实际的教学形同虚设，中外教育史中有很多这方面的教训。英国、美国以及欧洲其他不少国家都进行过多次重大的教育改革，其原因就是教育脱离了社会实际。翻译和翻译教学之所以不能脱离社会实际，根本的原因是翻译实际上全面参与了语言的社会功能。

根据雅各布森、韩礼德等语言学家的研究，语言具有以下重要的社会功能。

第一，信息传递功能。这里的“信息”主要指语义信息，包括体现和承载意义的语音及语法信息。

第二，情感表达功能。语言除了达意功能以外，还有传情功能。

第三，祈使指令功能。语言可以传达说话者的意向，要求对方加以实施，意向赋予意义以语势。

第四，审美传感功能。语言承载审美信息（包括内容和形式两个层面），从而赋予语言以传感效果。

第五，寒暄应对功能。语言中大量的问候语不仅担负着启动人际接触和交流的任务，也承担着中国传统篇章学所谓“启、承、转、合”的话语衔接和延续功能。

第六，超语言功能。“超语言”是指语言（话语、文本）以外的言外之意、言外之情、言外之景，一切尽在不言中。

三、新时期背景下大学英语翻译教学策略

（一）培养大学生的跨文化意识

不同国家和民族的文化具有多样性，译者应将文化意识作为翻译实践的一个重要导向。译者应该恰当地对待和处理文化差异，以便更好地传达所翻译文本中负载的文化信息。译者必须有跨文化交际能力，这样才能促进不同民族之间的文化交流。

在教学中，教师可以利用现代化信息技术与工具，带领学生了解异域文化。同时，在教学中，教师应当有意识地引导学生查阅、掌握我国以及国外的民俗风情，这对于学生理解原文有着积极的作用，同时也能够为学生翻译能力的提升奠定基础。

（二）开展多样化的翻译实践活动

翻译实践活动通常以小组为单位进行，每组由六位学生组成，轮流担任译员、编辑、审校、项目经理、质检和排版的角色。在此实践活动过程中，教师既是翻译项目的管理者、课堂活动的组织者，也是学生的示范者、协助者和鼓励者。小组内每位学生都要通过翻译平台的“人机模拟实训”熟悉系统工作方式，然后在各自的小组里以项目或任务的方式进行实际翻译练习。

毕业实习是检验学生翻译能力的综合性实践环节。学生应到涉外企业、翻译公司等单位的翻译岗位进行毕业实习，完成实习单位布置的翻译任务，了解一名职业翻译人员所必需的专业知识，在实战中提高翻译实践能力。通过实习，学生对毕业后所从事的工作性质、专业知识要求等会有更深刻的了解，这有助于其弥补自身不足，毕业后尽快适应工作岗位。

毕业论文是全面检验学生翻译综合能力的重要一环。毕业论文的撰写需要学生调动翻译方面的专业知识和技能，有利于培养学生提出问题、分析问题和解决问题的能力。

翻译实践可以帮助学生夯实语言基本功，加强他们对翻译活动的认识。教师要在巩固翻译基础理论、翻译方法和技巧的基础上，引导学生进行课堂实践、课外实践、综合实践等大量的翻译实践练习，在实践中证明和巩固所学理论，提高语言能力、领悟能力、译文对比分析能力、译作鉴赏能力、团队合作能力等，为将来从事翻译职业、成为合格译员打下良好的基础。

第六节　英语文化教学

一、文化的定义

无论是在汉语中还是在英语中，“文化”的概念都经过了漫长的演变。在此，笔者对“文化”这一概念的历史沿革进行了简要的梳理，以增加学生对它的认识。

（一）汉语中文化的定义

“文化”一词在古汉语和现代汉语中有着截然不同的含义。“文化”是怎么来的呢？“文化”一词首次出现在汉代的《说苑·指武》中，来自“文化不改，然后加诛”这句话，这里的“文化”表达的是一种治理社会的方法和主张。

南齐王融《三月三日曲水诗序》中记载：“设神理以景俗，敷文化以柔远。”在此处，“文化”是指用诗书礼乐等来感化人、教育人。《辞海》指出，广义的文化是将人类在劳动实践过程中所创造的物质文明和精神文明相加以后的结果；狭义的文化是指社会上主流的感观思想以及相对应的制度、机构。

我国学者张岱年和程宜山认为，人类生存于世，就需要处理自己与他人和事物之间的关系，在这个过程中人类就启用了一定的思维方式和行为，这就是文化。我国学者金惠康指出，文化是生产方式、生活方式、价值观念以及社会准则等构成的复合体。

（二）英语中文化的定义

汉语中的“文化”与英语中的 culture 相对应，而 culture 一词是从拉丁文 cultura 演变而来的。该词起初是指“犁”，表示一种过程和动作，后来又转变为“培养人的技能、品质”，然后到了 18 世纪又进一步转变，表示“整个社会里知识、艺术或心灵的普遍状态”。

在学术界，首次给“文化”做出正式界定的学者是英国人类学家爱德华·泰勒，他对文化所下的定义被视为一种经典性的定义。他在 19 世纪 70 年代出版的《原始文化》一书中强调，在民族学的框架内，文化是由知识、信仰、艺术、道德、法律、习俗以及作为一个社会成员的人所习得的其他一切能力和习惯组成的一个整体。

美国学者萨姆瓦等人一直致力于交际问题的研究，认为许多前辈不断在研究上投入更多的精力和心血，因此使得更多的知识、信念等精神元素以及一些物质元素展现在世人面前，这些统统可以称为文化。美国社会学家伊恩·罗伯逊对社会学进行了诸多思考，他认为在社会学的范围内，文化就是供人们使用的物质和非物质产品。法国著名思想家莫兰指出，时代在变，社会环境在变，人类的价值观和生活方式也在变，这就是文化所导致的结果。文化包括物质方面，也包括精神方面。

二、文化的特征

（一）动态性

由于社会环境、时代特征变得跟以前不同，人们为了求得生存，不得不创造不同的文化，因为文化是人们满足自身生存需求的手段之一。每一个时代都有与之前的时代不一样的地方，因此文化始终是在变化的。文化又像一个洋葱，剥开外面那一层，还有里面那一层。所以，文化分为外层文化和内层文化。外层文化是人们表现在行为举止上的文化；内层文化是思想上的文化，是外层文化的内在根源。在经济全球化背景下，不同国家、民族之间的交往越来越多，这其中必定包含着不同文化之间的交流。文化交流可能使得文化内部要素发生“量”的变化，而“量”的变化也可能引发“质”的变化。外层文化要比内层文化更容易发生变化，并且变化得更多。也就是说，发生在衣、食、住、行等方面的变化要比发生在信仰、价值观等方面的变化更加明显。

（二）外显性

如前所述，文化具有外层和内层之分。人们的内层文化通过外层文化表现出来，因此，文化具有外显性。人作为一种有灵魂和思想的高级动物，其行为方式就反映着灵魂和思想。在创造文化的过程中，人类将认识世界的精神成果转化为外显有形的行为方式，因而这些行为方式就构成了文化的表象，指导着人们的生活方向。人们一方面必须接受这些法则的规范和引导，另一方面又在这种文化中展现人生的意义和价值。正是因为文化具有外显性，所以文化差异是可观察的。一些交际冲突都是由文化差异引起的。在交际中，误解是一种常见的现象，要想尽力避免误解的产生而使交际顺利进行，就需要交际双方对同一行为表现具有一致或相近的解释。在交际过程中隐藏着一种潜在的危险，那就是差异，因此交际的顺利进行要求交际双方共享一套社会规范或行为准则。

（三）聚合性

每一种文化都具有一个或几个“文化内核”，这些内核具有极强的向心力，可以聚合其他各种亚文化。文化的这种聚合作用，可以使得文化在外界环境的巨变中仍然保持着自身的特色。例如，在中国的传统文化中，融自然哲学、政治哲学和伦理哲学为一体的“天人合一”世界观以及“经世济国”等精神元素作为中国文化的“内核”，一直发挥着聚合作用。由于不同文化有着不同的“内核”，因而必然导致不同民族在价值观念、认知模式、生活形态上的差异。如果交际双方不能理解对方的文化，就会导致交际冲突。

三、在英语教学中融入中国传统文化

英语属于一种国际通用的语言，高等院校学生应加强英语方面的学习投入，这样有利于自身后续的学习和成长。教师在教学过程中应注重中国传统文化的渗透，将中国传统文化融入英语教学之中，实现英语教学的“本土化”，形成有中国特色的“英语教学文化”。通过英语教学与中国传统文化之间的结合，可以提升学生对英语的认识能力，从而增强学生在英语学习方面的兴趣和投入。例如，在英语教学中，教师应适当分析中国传统语言习惯、交流习惯、文化特点等，并与英语语言习惯、特点、文化等进行对比，从而加深学生的印象。

（一）在英语教学中融入中国传统文化的教育价值

当今世界，文化在综合国力的竞争中发挥着越来越重要的作用，成为民族创造力和凝聚力的重要源泉。博大精深的中国优秀传统文化是我们在世界文化激荡中站住脚跟的根基。因此，教师必须加强对中国传统文化的渗透和讲授，让学生充分了解中国传统文化，培养他们的民族归属感和自豪感，使他们自觉践行社会主义核心价值观。

1. 有利于提升学生的文化素养

中国传统文化博大精深，蕴含着中华上下五千年的价值理念。而全球经济一体化节奏的加快，对中国传统文化的发扬及传承提出了更高的要求。如何让中国传统文化在世界文化舞台站稳脚跟，是新一代学生的重任。中国传统文化既是一种稳定的精神特质文化，也是在历史演变过程中呈现出的多姿多彩的结构样式。中国传统文化存在于节日、庆典、嫁娶等活动中，具有历史性、客观性、时代性、传承性、地域性、民族性，是社会发展和人类生活的必然产物。

在英语教学中融入中国传统文化，是从培养学生文化素养的角度出发，从学生的日常生活、价值取向、个人社会行为能力等方面入手，让学生更好地构建核心素养。因此，教师要依据学生的身心发育特点和时代特征，采用立德树人的教学思路，使抽象的英语知识与学生的情感、时代责任感融会贯通，进而使学生树立正确的世界观、人生观和价值观。

2. 有利于拓宽英语教学形式

在英语教学中融入中国传统文化，能让英语教学形式变得丰富多彩。教师在开展英语教学之前，要收集富有传统文化特色的教学内容，将中国传统文化内容渗透到各种各样的英语课堂活动中，通过开展听、说、读、写的立体化教学，丰富英语教学效果。例如，教师可开展有关中国传统文化主题的英语朗诵、唱歌、演讲、表演等相关活动，拓宽学生学习中国传统文化的渠道。教师还可积极利用班级的板报，以对话、幽默故事、谚语等形式介绍各地的风俗习惯以及风土人情，并定期更换内容。教师要注意结合生活实际，在课堂上设置与中国传统文化学习相关的情境。教师还可将学校的一些设备资源等利用起来，加深学生对中国传统文化的印象，进而提升他们的学习兴趣。

（二）在英语教学中融入中国传统文化的策略

1. 组建高素质的大学英语教学团队

基于当前部分院校英语师资力量薄弱的问题，笔者提出如下策略，旨在促进中国传统文化在英语教学中融合效果的提升，培养学生的跨文化交际能力。

第一，提升教师相关方面的专业素质。高等院校应聘请专业人士讲解如何将中国传统文化融入英语教学之中，如何培养学生的跨文化交际能力，从而促进相关教师教学水平的提升。为了强化培训效果，需要采取实训的模式，即通过实际教学过程的展示、问题总结与分析，加强教师对相关方法的掌握。

第二，通过校本研修方式的应用提升教师的教学水平和能力。高等院校应建立研究小组，集思广益，解决文化教学中存在的问题，从而不断提升教学效果和水平。

2. 进行大学英语教学方法创新

第一，采取“故事 + 角色 + 情境”的教学模式。在高等院校英语教学工作中，为了提升学生对英语的感知和认识，教师可以选择一些英文故事，然后设置相应的情境，由学生扮演其中的角色进行实际演出。学生通过演出可以感受相应的文化，提高自身的跨文化交际 能力。

第二，采取小组合作学习模式。例如，教师设置“中国传统文化与英语学习相结合的方法”研究项目，由各个小组对其进行研究，并在研究之后进行总结，得出结果和结论。

第三，有效使用网络平台，实现在线交流学习，从而提升学生的跨文化交际能力。例如，学生可以使用在线交流平台，与一些外国学生或者教授交流。

第五章　新时期英语教学评价

本章主要从四个方面对新时期英语教学评价展开了研究，具体包括英语教学评价的概念、英语教学评价的目的和意义、英语教学评价的基本原则以及英语教学评价的分类。

第一节　英语教学评价的概念

当前，世界上许多国家越来越重视教学评价，希望建立一个好的评价体系来改进教学评价质量，充分发挥教学评价在教学活动中的作用。

一、教学评价的定义

评价在我们生活中很常见，是指评价主体对被评价主体的一种价值取向或是评价主体对自身的一种判断方式。例如，某天笔者去朋友家做客，是她的女儿为我开的门，开门后她特别开心地对我说："你看看我穿的小裙子是不是特别漂亮，特别适合我？"从这个小例子中我们可以看出，评价是评价主体根据自身或他人的需求进行的一种价值判断和思考。

教学评价和评价的大致方向差不多，也是一种价值判断。但是，教学评价与评价不同的是，教学评价是在教学活动中呈现的，教学评价的对象是有意识的学生群体，他们都有自己的习惯和偏好、优势与不足。因此，教学评价的主体（指教师、家长和学校管理者）必须要注意过程，并为学生指明发展方向。

综上所述，笔者将教学评价定义为在进行教学活动时，关注学生发展，实施因材施教，使用一些特定的方法和策略进行价值判断的一个过程。

二、大学英语教学评价

英语教学评价是指对英语教学的成果和过程进行评估的一项措施。各高校应注重评价的功能，全面推进素质教育。英语教学评价应该按照课程标准来进行，如果没有一个有效的课程标准，就会让评价在教学活动中实施困难。我们要通过科学的评价，促进学生全方位、全方面的发展。英语教师作为课堂评价主体，与学生长时间相处，因此具有其他评价主体不可比拟的优势。

当前，英语教学评价也在发生转变，从重视知识能力转向重视创新能力，从重视选拔能力转向重视发展能力，这是非常大的一个进步。英语教学评价的核心理念是“学生的发展始终处在第一位”，这一理念生动地体现出素质教育以人为本的精神，符合英语教育以学生发展为目标的特点。

三、新时期英语教学评价的走向

（一）从关注课程到注重人

课程是学校教育的基础。在以前的课程教学观念中，无论是“双基”还是“三维目标”的实施，都过于关注课程本身，教学观念以知识本位为主，缺乏明确的可操作性指标，课程评价始终遵循课程设计。由于过多地关注课程，这种评价指向无法规避地强化了“课程本位”和“学科本位”的思想，不利于素质教育向前推进。

新时期“核心素养”的提出要求我们要从以前的知识本位转变为以素养为本位的新型教学观。核心素养并不特指某一种素养，而是一个综合性的概念，它强调人的发展的综合性。

（二）从关注学业成绩到注重素养

专注于学习成绩没有错，但是在实践中人们往往会过多关注学生的分数，这一点是素质教育实施过程中的主要阻碍。知识的掌握虽然是教育发展的重要轴心，但并不是教育的唯一目标。我们不能只关注学生的成绩，还要重视学生的素养，尤其是品格和能力。核心素养强调知识、态度与能力的统一，它是解决人与工具、人与社会以及人与自我之间关系的关键方案。

第二节　英语教学评价的目的和意义

一、英语教学评价的目的

评价是一种价值判断活动，是对客体满足主体需要程度的判断。评价不应过分强调甄别与选拔功能，而应促进学生发展。

英语教学评价的目的包括以下几个方面：使学生在英语课程的学习过程中不断体验进步与成功，认识自我，建立自信，促进学生综合语言运用能力的全面发展；使教师获取英语教学的反馈信息，对自己的教学行为进行反思和适当的调整，促进教师不断提高教育教学水平；使学校及时了解课程标准的执行情况，改进教学管理，促进英语课程的不断发展和完善。

二、英语教学评价的意义

美国评估学者斯塔弗尔比姆曾明确提出：评价最重要的意图不是为了证明，而是为了改进。这一观点强调了评价的改进功能。改进的过程就是一个发展的过程。发展性评价应着眼于学生未来的发展。学生发展性评价的目标是使学生实现自我发展。人的最高层次的需求是“自我实现的需要”，所以，学生发展性评价应充分考虑学生的需要。英语教学评价的发展体现在以下两个方面。

第一，评价目的从甄别选拔转变到发展上来，实施发展性评价。这是激励学生进行自我教育的一种有效方式。它意味着评价要把握学生的差异性，从思想上、情感上、行动上接纳智力不同、兴趣爱好不同、个性不同的学生；意味着将评价视为一种积极诊断问题、总结成绩、改进教学目标、优化教学方案、激励学生成功的手段。

第二，评价方式从终结性评价转变为过程性评价，即评价必须包括学习过程，并具有真实性情境。著名教育心理学家加德纳明确指出，学习过程应该是评价的重要组成部分，它能够反映学生是如何思考的，即智能状况。

英语教学评价有利于促进学生主体地位的回归，培养学生的实践创新能力；有利于形成评价反馈激励机制，培养学生对学业负责的态度。总之，英语教学评价有利于促进课堂教学质量的提高。

第三节　英语教学评价的基本原则

课堂教学评价的功能主要包括导向、诊断、反馈、决策和协调等。为更好地实现其功能，让评价变成推动英语教学进步的机制，就要探究大学英语课堂教学评价所应遵循的原则。

一、突出大学英语课程自身的特征

与其他学科的教学目标、教学规律、授课形式相比，大学英语学科有其自身的特征。只有以充分思考大学英语课堂教学自身的特征为前提条件，其价值的评判才能更加科学合理，提供的反馈才会更具积极性与针对性。大学英语课堂教学不同于其他学科的教学，其教学效果深受教师的语言表述质量、学生课堂参与的积极性、课堂活动的安排、教学模式的选择等方面的影响。

二、坚持评价主体的多元化

学生、督导组以及教师都应是英语教学评价的主体。大学英语课堂教学评价体系只有结合他人的评价和自我的评价，其结果才能全面、公正和客观，才能更有利于促进教学过程的改进。

三、坚持定量评价与定性评价相结合

教学评价的信息越准确、越深入、越详细，就越有助于教学质量的提升。定量评价是利用数学的方法，准确、客观地记录大学英语课堂教学之中师生的举止和教学的成果，展现出所有举止间存在的潜在关系与规律。但定量评价通常会忽视课堂教学中无法量化的关键品质和行为，把教师和学生在课堂之中丰富的举止行为用抽象的分数表征和数量计算简单地展现出来，最终致使教学评价形式化。大学英语课堂教学的成果与教育目标之间是否一致是定性评价的重点所在，定性评价能够详细地描述并记录大学英语课堂教学的整个进程，其详细真实的评价结果可以更直观地反馈给师生。

可以说，定性评价和定量评价是密不可分的，两者互为补充、相得益彰，不可片面强调一方面而忽视了另一方面。

第四节　英语教学评价的分类

一、按评价基准分类

按评价基准分类，英语教学评价可分为相对评价和绝对评价。

（一）相对评价

相对评价是在被评价对象的集合中选取一个或若干个体为基准，然后把各个评价对象与基准进行比较，确定每个评价对象在集合中所处的相对位置。

为相对评价而进行的测验一般称为常模参照测验。它的试题取样范围广泛，测验成绩表明了学生学习的相对等级。由于所谓的常模实际上近似学生群体的平均水平，所以这种测验的成绩分布符合正态分布规律。

利用相对评价来了解学生的总体表现和学生之间的差异，或比较不同群体间学习成绩的优劣是相当不错的。它的缺点是基准会随着群体的不同而发生变化，因而易使评价标准偏离教学目标，不能充分反映英语教学过程的优缺点，不易为改进英语教学提供依据。

（二）绝对评价

绝对评价是在被评价对象的集合之外确定一个标准，这个标准被称为客观标准。评价时把评价对象与客观标准进行比较，从而判断其优劣。评价标准一般是教学大纲以及由此确定的评判细则。

为绝对评价而进行的测验一般称为标准参照测验。它的试题取样依据预先规定的教学目标，测验成绩主要表明教学目标的完成程度，所以这种测验的成绩分布通常是偏态的。低分多高分少，为正偏态；低分少高分多，为负偏态。

绝对评价的标准比较客观。如果评价是准确的，那么评价之后每个被评价者都可以明确自己与客观标准的差距，从而可以激励被评价者积极上进。

二、按评价功能分类

按评价功能分类，英语教学评价可分为诊断性评价、形成性评价和总结性评价。

（一）诊断性评价

这种评价也称为教学前评价或前置评价，一般是在某项活动开始之前，为使计划更有效地实施而进行的评价。通过诊断性评价，教师可以了解学生的准备情况，也可以了解学生学习中的困难，依此制订教学策略。

教师想要制订适合每个学生的特点和需要的有效教学策略，就必须了解学生，了解他们的知识储备，了解他们的技能和能力水平，了解他们对所要学习的学科的态度，了解导致他学习成功或失败的原因等。了解学生的手段之一，就是对学生进行诊断性测试。不过，教育中的“诊断”含义较广，它不仅包括查明、辨认和确定学生的不足和“病症”，也包括对学生的优点和特殊才能的识别。教育诊断的目的，即在了解学生的基础上“长善救失”，帮助学生在原有的基础上和可能的范围内获得最大的进步。

（二）形成性评价

1. 形成性评价概述

形成性评价是基于建构主义理论、多元智能理论、人本主义理论的评价方式。从教育层面来看，形成性评价是一种能够指导教学过程、完善教学成果、促进教学目标实现的教学评价方式。形成性评价关注学生发展的差异性、综合性，立足于学生在教学过程中的实践信息，通过综合分析这些信息，给予学生真实的评价，使学生可以通过评价回顾自身的学习过程，掌握学习成果并适时做出调整。

同时，形成性评价能够立足于学生的学习过程，帮助学生发现学习过程中存在的问题，找到解决问题的方法，弥补不足，提升自主学习能力与意识。

不同于以往的教学评价模式，形成性评价的主体是多元化的，包括学生、教师；形成性评价的目的在于挖掘学生潜力，促进学生的学习，同时也能为教师提供真实的学情信息，促进教师对教学过程的调整；形成性评价的方式也很多元化，包含学生自评、生生互评等；形成性评价的内容多样，主要包括学习策略、知识技能、情感态度等要素。因此，教师将形成性评价运用到大学英语教学评价体系中，是对传统大学英语教学评价模式的一种“颠覆”，能使大学英语教学质量得到提升。

2. 形成性评价在大学英语教学评价体系改革中的优势

（1）指导教学实施

从素质教育层面来看，形成性评价更符合大学英语教学改革的发展趋势，更有助于大学英语教学的实施。以往的终结性评价只重视学生的学习结果，过于片面，很容易打击学生的学习积极性。而形成性评价贯穿于整个英语教学过程，对学生的评价更公正、公平，既可以为学生的学习提供依据，同时还可以让教师发现教学中存在的不足，对教学设计进行改进，从而提升大学英语教学质量。

（2）评价更为全面

与以往的评价模式相比较，形成性评价在大学英语教学中的实施凸显了教学评价的全面性与科学性。形成性评价能促使教师更好地设计教学活动，并使学生自主融入其中。教师可借助形成性评价全方位、有针对性地评价学生，并根据学生的同质化与差异性特质，构建针对性的学习方案。

教师通过对学习方案实施情况的进一步观察与监督，对学生进行评价，使学生通过评价信息了解自身具体的学习情况，凸显了大学英语教学评价的全面性、有效性。形成性评价在大学英语教学中的实施给教师教学、学生学习指明了路径。

（3）改进教学实践

终结性评价较重视学生的分数，把分数作为淘汰与选拔学生的重要依据，这种评价模式导致了应试教育模式的形成。大学英语教学不应是应试教育，而应是素质教育，学生需要得到多元化、综合性发展。教师将形成性评价运用到大学英语教学中，不仅可以改进英语教学实践模式，实现英语教学目标的创新，而且有助于实现学生综合性、系统性发展的目标。

（4）提升自主学习能力

教师将形成性评价运用到大学英语教学评价过程中，有助于提升学生自主学习的能力。形成性教学评价强调学生的主体性学习地位，能使学生在生动的英语教学氛围中，发挥自身的主观能动性，进行有效的实践、体验、探究，促进自主学习能力的提升与培养，为学生终身英语学习奠定良好的基础。在大学英语教学评价过程中，形成性评价能够使学生通过自主学习模式更好地、更灵活地运用英语语言，提高学生的英语综合运用能力。

（三）总结性评价

总结性评价又称事后评价，一般是在教学活动告一段落时为把握最终的活动成果而进行的评价，例如，学期末或学年末各门学科的考核、考试，目的是验明学生的学习是否达到了各科教学目标的要求。总结性评价注重的是教与学的结果，借此对被评价者所取得的成绩做出全面鉴定、等级区分，对整个教学方案的有效性做出评定。

总结性评价的首要目的是给学生评定成绩，并为学校提供关于某个教学方案是否有效的证据。总结性评价的目的是对学生在某个领域或某个重要部分上所取得的较大成果进行全面的确定，以便对学生成绩予以评定或为安排学生提供依据。总结性评价着眼于学生对某门课程整个内容的掌握，注重于测量学生达到该课程教学目标的程度。因此，总结性评价进行的次数或频率不多，期中、期末考查或考试以及毕业会考等均属此类。总结性评价的概括性水平一般较高，考试或测验内容包括范围广，每个题目都包含许多构成该课题的基本知识、技能和能力。

三、按评价表达分类

按评价表达分类，教学评价可分为定性评价和定量评价。

（一）定性评价

定性评价是对评价资料做“质”的分析，是运用分析与综合、比较与分类、归纳与演绎等逻辑分析的方法，对评价所获得的数据、资料进行思维加工。一般情况下，定性评价不仅用于对成果或产品的检验分析，更重视对过程和要素相互关系的动态分析。

（二）定量评价

定量评价则是从“量”的角度，运用统计分析、多元分析等数学方法，在复杂纷乱的评价数据中总结出规律性的结论。由于教学涉及人的因素，其中各种变量及其相互作用关系是比较复杂的，因此定量评价的方向、范围必须由定性评价来规定。

第六章　新时期英语教学发展方向

本章主要从三个方面对新时期英语教学发展方向展开深入探索，其中主要分析了英语教学的改革方向、新时期高校英语教学的未来发展以及新时期高校英语教师技能提升途径。

第一节　英语教学的改革方向

一、个性化教学将成为英语教学的主要趋向

个性化教学强调以学生为中心，以调动学生的内在动力为己任，重视师生之间的互动及学生的反馈，可以使学生摆脱成绩、作业的压力，充分发挥他们的潜能与天赋。传统教学对学生“一刀切”，忽视学生的个体差异，难以调动学生的学习积极性，教学效果也大打折扣。在当今社会竞争日益激烈的情况下，个性化教学的开展显得尤为重要。

（一）个性化教学与传统教学的差异

个性化教学与传统教学在价值取向上存在明显差异，如表 6-1-1 所示。

表 6–1–1　个性化教学与传统教学的价值取向差异

个性化教学	传统教学
一手经验	二手经验
内在健康	外在行为
注重质的内涵	注重量的内涵
追求幸福	将考试作为最终目的，获取工作资格
解放自我	行为目标评估和获得
人类的特性决定教学的价值	成绩决定教学的价值

续表

个性化教学	传统教学
发散性思维	收敛性思维
直觉和情感	思想和行动
个人的知识	外部的知识
建构生存主体的教学	建构知识主体的教学
关注遭遇和体验生活的路径	获得和应用规范的知识和技能

传统教学忽视了个体的需要和情感的开发，把学习者看作接受来自教师所输入知识的容器，使教室成为脱离实际生活的场所。在当今信息化社会的时代背景下，这种以掌握知识为中心目标的教学方式很难适应未来社会的发展需要。因此，我们必须从传统教学的思维模式中走出来。

（二）个性化教学概述

从新时代对教学的新要求看，个性化教学应该成为一项系统工程。

1. 教学目的个性化

教学目的个性化就是指学校要培养的是个性化的人才。教师应认真对待每个学生的特质、兴趣和学习目标，并尽最大可能帮助他们发挥自己的潜能。此外，教师应根据教学内容、教学对象的不同，创造性地设计各种适宜的、能够促进学生充分发展的教学方法与策略，使学生能以自己独特的方式去了解和掌握教学材料。这样，教学的个性化色彩就会越来越浓，学生与学生之间的差异也越来越明显，同时也能大大增加学生学习成功的可能性。

2. 教学理念个性化

每个学习者都有各自的特点和能力，教师应当充分认识到学生身上存在的这些差异，尽最大努力利用好学生的不同特点和能力，使每个人都能通过个性化的教育激发出最大的学习潜力。个性化教学以了解每一名学习者的智力特点为前提，强调在可能的范围内采用不同的教学方式，使具有不同智力的学习者都能受到同样好的教育。

3. 教学内容个性化

（1）个性的多样性与课程的选择性

从操作层面来看，学校应优化教学资源，结合学生的情况开展选修课程。此外，还应进行课程的分化与统整，做到在分化中统整，在统整中分化，使课程的设置与安排尽量与学生的个性化差异相符合。

（2）自我的完整性与课程的综合性

个性化教学以培养学生的自由人格为目的。自由的人格指的是人格具有自由的德行。这种自由人格是在“基于实践的认识世界和认识自己的交互作用过程”中实现的，因此，课程的综合性就显得十分必要。课程必须具备一定的综合性，这是培养学生自由人格的前提和基础。

4. 教学手段个性化

现代科技的发展尤其是现代信息技术的发展为教学提供了更多可供选择的手段，为个性化教学提供了强大的物质基础，如录音机、投影仪、计算机、多媒体、网络等。因此，教师应充分利用校园文化资源、乡土和社区资源、广播电视手段、计算机技术手段、网络技术手段等，将个性化教学更好地向前推进。

5. 教学形式个性化

只有将学生内在的动力激发出来，学生的潜能才能得到充分发挥，并逐渐养成自主学习的行为、习惯、态度和精神，学习才可能达到预期的目标。因此，采取什么样的教学形式就成为至关重要的问题。这就意味着教学必须是个性化的，要受到学生的经验、意向、兴趣、水平、需要等因素的影响。

二、微课教学将成为现代英语教学的主要模式

（一）微课的特点

微课具有以下几个主要特点。

1. 教学时间较短

“微课”的时长一般为 5~8 分钟，最长不宜超过 10 分钟。本科与高职的微课一般在 15 分钟左右，最长不宜超过 20 分钟。

2. 教学内容较少

微课不同于传统的课堂教学，其在实际教学中主要针对特定的主题以及教学重点来展开，更加便于教师进行主题教学。微课存在的价值是为了突出课堂教学中所要表达的重点以及难点问题，通过聚焦的方式进行二次学习，这使得所要教学的课题更加精练，同时也更加便于学生的学习和理解。

3. 资源容量较小

微课主要采用视频以及其他辅助教学手段来展开，例如一堂微课在电脑上所占用的空间只有几十兆字节左右，同时在视频格式的选择上也非常丰富，几乎涵盖了所有的媒体格式，这样师生在进行教学以及学习时就方便了很多。同

时微课资源也非常便于储存和携带，这样更加方便了教师的讲课以及学生的学习。

4. 资源构成“情境化”，资源使用方便

微课采用的教学形式非常多样化，同时其所要表达的教学内容也非常明确以及完整。视频片段的播放方式以及多样化的多媒体素材等更加容易使教学内容变得情境化，从而加深学生的共识以及理解。教师在进行微课教学时利用情境化的教学课件更容易将学生带到教学情境中，这样学生将会更加真实和具体地体会到教学中的内容，同时这种教学方式还能够锻炼学生的思维能力以及感知能力。

5. 主题突出，内容具体

微课通常表现的主题非常精练而且专一，这就体现出了微课具有主题突出、内容具体的特点。通过对单一问题以及难点的精练以及学习，学生可以加深对于知识点的理解。同时微课在解决一些如学习策略、学习方法等非常具体明确的问题时也具有非常积极的作用。

6. 成果简化，多样传播

微课所表达的内容非常清晰、完整，而且微课所表达的主题非常突出，所以微课的教学内容很容易被学生理解和学习。并且因为微课采用的形式比较前卫，所以微课的传播方式非常多样化。

7. 反馈及时，针对性强

微课教学内容少，而且教学时间短，教师在教学结束后很容易得到学习者对于教学内容的反馈。微课的作用是辅助教学，从而使得教学内容更加具有针对性。

（二）微课突破了传统课堂的条条框框

从教学主体性上分析（教师角度和学生角度），校本微课的出现对传统课堂框架提出了挑战。

1. 从教师角度来讲

微型视频网络课程的出现，和以往的教学形式大不相同，它不受时间和空间的限制，从某种意义上来说，它减轻了教师的负担。但是，这同时也是对所有教师的一种挑战，这种挑战是前所未有的，因为学生对教师的依赖性降低了，他们可以在相关的学习网站上寻找适合自己的教师。尤其是一些教授讲解类课程的教师，他们的身份可能会很尴尬，因为学生有可能会认为有没有这样的教师对他们都没有太大的影响。

2. 从学生角度来讲

从学生的角度来讲，微课的好处就是可以提高学生学习的效率。每一节课都有一个中心点，课堂上的精华部分一般都是围绕着一个知识点或者是教学点展开的，而整堂课中的精彩部分都是很短暂的。学生在一堂课上视觉停留的时间一般都只有 20 分钟左右，如果时间太长，学生的注意力容易分散，学习的效率也上不来。而微课的录制时间一般都在 10 分钟左右，根据学校的实际需要，把教学中的一些疑点、难点、重点、考点等内容浓缩在一起，整个视频的大小也不会超过 50 兆。这种方式给学生带来了极大的方便，他们可以随时随地在网络上学习相关知识，学习效率得到了很大的提升。

微课还有一个好处就是学生可以利用这一形式进行自主学习，还可以针对自己的爱好和弱点等进行选择性的学习。在上课之前，学生可以通过教学视频来进行预习，然后根据自己的实际情况来决定是否需要观看视频，以及观看视频的时间和节奏。在传统的教学中，教师在课堂上将知识点传授给学生，但是有些知识点只讲一次，学生很难理解透彻，更何况有些学生会因为开小差而错过某些知识点。但是在微课教学模式中，学生可以反复观看错过的或者是不理解的知识部分。与此同时，对于一些需要时间来理解消化的部分，学生可以将视频暂停，然后进行思考，也可以将疑难部分记录下来，等到上课时和教师、同学进行探讨。在观看了微课视频之后，学生再做一些与视频教学相关的练习，这样就可以使学习的内容和知识点更加巩固。

（三）微课为传统教学资源建设提供了新方向

课堂教学的视频片段是微课的核心内容，它包含着许多与教学相关的内容，如素材课件、教学设计、教学反思、练习测试、教师点评、学生反馈等。微课的目的就是将课堂教学中的一些学科中的教学难点解决掉，还有就是将课堂中与教学相关的教与学的活动反映出来，将课堂中的部分教学环节反映出来。传统课堂要完成的教学内容复杂多样，要达到的教学目标也非常多；而微课的目标则比较单一，内容相对而言也比较精练，教学主题也非常明显，教学的目的也非常明确，微课的课程设计和课程制作都是以某一教学主题为中心的。校本微课的实施开创了主题明确、多种多样的微教学资源环境，满足了传统教学资源的建设需求。

第二节　新时期高校英语教学的未来发展

一、增强对新时期高校英语课堂教学的理解

在高校英语核心素养的创新培养中，想要进一步促进英语课堂教学的逐步发展与不断提升，需要进一步采取有效的教学措施，引导英语课堂教学向着更加健康、更加规范的方向发展。英语课堂教学本身已经逐步成为英语教育发展的关键方面，从本质上来说，这也进一步体现了英语课堂教学的重要性，以及英语课堂教学的关键性。

从诸多学校的英语课堂教学来看，其具有以下几个特点：英语课堂教学所涉及的领域广；英语课堂教学所涉及的学生核心素养培育的途径宽。这也符合对学生英语核心素养的培育要求，正因为如此，英语课堂教学本身不仅仅关乎学生核心素养的发展，还关乎英语领域的建设，因而，英语教师需要进一步转变观念，进一步正确认识英语课堂教学，逐步探索实施英语课堂教学的有效措施，促进互联网时代导向下高校英语课堂的建设。

在高校英语核心素养的创新培养中，英语教学本身具有重要的意义与价值，也具有较强的丰富性，可以使更多的学生感受到英语知识的魅力。英语知识的学习过程也影响着学生的生活，影响着他们的英语思维、英语逻辑、英语学习能力的形成。

在新时代背景下，人们可以从不同的角度了解英语知识。作为培养新时代人才的学校，应跟随时代的步伐转变观念，正确认识英语活动，科学建设互联网时代导向下的高校英语课堂教学。

二、丰富互联网时代高校英语教学资源

在英语教学体系中，教材使用不规范的问题较为突出，为此，需要进一步采取有效措施，逐步提升教材使用的规范性，逐步促进教学资源的丰富性，以此来夯实互联网时代导向下高校英语课堂教学的基础环节。在高校英语课堂教学中，往往存在以下问题：英语教材的使用不统一；教师使用英语教材随意；教师使用英语教材不规范；教师对英语教学的研究不够积极、深入。因此，教师需要积极探索以下方式：进一步思考如何培养学生的核心素养与英语学习能力；进一步针对培养目标，丰富教学资源；依据教材，制订完善的培养计划；依据教材，促进

英语课堂教学内容的发展；逐步丰富自身的英语课堂教学经验，进一步丰富教学资源。

三、加快高校信息化教学建设

（一）与时俱进，提升信息化素养

在高校英语课堂教学中，教师是教学的主导，他们在实际的课堂教学中虽然不再占据主体地位，但是依旧具有非常重要的作用，尤其是教师的教育指导作用会对英语课堂教学的质量和效果产生直接影响。教师在开展高校英语教学的过程中，为了可以顺利地贯彻落实信息化教学理念和方法，也必须要本着与时俱进的原则，不断提升自身的信息化素养。特别是面对信息化这一大环境，高校英语教师的信息化能力和素养必须要与时俱进，必须通过不断学习增强信息意识、信息采集能力、信息处理与加工能力、信息道德素质等，确保可以有效地提升信息化教学能力和素质，以顺利在高校英语课堂教学中融入信息化教学理念、模式与方法。

在平时的教学中，教师要注意转变英语课堂教学观念。在信息化环境下，高校英语教师首先要对当前教育领域的全新发展动向进行调查和了解，充分意识到信息化教学的重要性，切实转变以往以教师为主体的教学模式，积极建立现代化、信息化英语课堂教学理念。

（二）能力发展，明确信息化阶段

1.“专业素养”教育阶段

“专业素养”教育阶段是高校英语教师信息化教学能力发展的初级阶段，教师在这一阶段中要注意充分而深入地了解和掌握信息技术在高校英语教学中的应用方式方法以及基本流程和注意事项，懂得如何获取、选择和应用互联网上丰富、优质的信息化英语课程教学资源。高校英语教师要注意培养自身的信息意识，平时无论是在英语课程教学中还是在备课等教学工作中都要注意对信息保持高度的敏感性，力求有效挖掘与高校英语课程有关的信息，搜集到能满足信息化英语教学需求的各种有利信息，以更好地将其融入高校英语教学中。特别是那些信息化教学认知能力水平比较低的高校英语教师，更要主动培养和强化自身的信息意识，平时注意在海量的信息化英语教学资源中正确选择与获取有价值的英语信息，不断提升分类处理、加工分析和应用信息的能力，这样才能顺利解决高校英语教学中出现的各种问题。高校英语教师还要注意深刻调查、了解与掌握以教学技术、教学方法与信息化教学技术为主体的信息化知识体系，深入调查和了解信息技术的实际发展动态、基本原理与常见技能等，力求将所学习的信息化教学知识与技能应用于英语教学中。

2.“能力培养”教育阶段

“能力培养”教育阶段是高校英语教师信息化教学能力发展的中级阶段，在这一阶段，教师主要以提升高校学生的英语学习能力和信息化素养为课程教学的根本目标。高校英语教师在这一阶段中需要将信息技术与设备方面的实际应用与英语课程教育教学过程深度融合，为高校学生学习英语知识提供优质、互动性强的学习资源，还要注意灵活选择恰当的英语课程教学方法，力求可以更好地适应不同专业的高校英语教学需求，提高英语教学的质量与效率，确保有效促进学生英语专业能力的成长。高校英语教师要顺应“互联网 +”教育发展趋势，有效地开发和设计信息技术在英语教学中的应用方案，提高自身的信息化英语教学方案，不断提升自身的信息化教学能力。高校英语教师必须要熟练理解与掌握英语课程教学设计的基本原理，采取恰当的教学方法开展网络化英语教学。信息化环境下高校英语课程教学设计主要包括学习需求分析、学习目标确定、学习资源开发与认知工具设计等，确保可以客观评价与分析高校英语学习者的自主学习情况。

3.“知识创新”教育阶段

“知识创新”教育阶段是高校英语教师信息化教学能力发展的高级阶段，此时的英语课程信息化教育目标主要是努力培养和促进高校学生的自主学习能力以及对新知识的探究和分析能力。高校英语教师在这一阶段中要注意能够在信息技术的支持下，立足于高校学生的兴趣和爱好，构建以学生为中心的良好的英语学习环境，为学生示范英语课程知识的实际学习过程，支持他们的研究性学习。教师可以运用翻转式教学模式，力求最大限度地提升高校英语信息化教学的质量与效率。

随着信息技术在高校英语教育领域的推广和普及，网络技术、数字媒体技术与移动技术等先进的科学技术亦得到了快速推广和普及。教师要注意有效结合这些信息技术与英语课程内容，尤其是要深入挖掘多种多样的网络化和数字化教学资源，打破时间和空间的束缚，让学生随时随地开展移动学习、数字化学习，这对提高高校学生的自主学习效率会产生积极影响。信息技术为新时期高校英语教学方式改革提供了强大的技术支持。借助多样化的高校英语课程教学平台，高校学生可以更加便捷地参与到英语教学中来，这不仅有利于提高高校英语教学的质量和效率，还有利于高校英语教育教学活动的开展。

上述的三个阶段实际上是高校英语教师信息化教学能力发展的三个阶段，也是高校英语教师教育水平发展的三个关键阶段。高校教师必须要注意不断深化高校教育改革，采取一些切实可行的措施与对策，持续开展教师培训。平时在高校教育的过程中要注意加大对信息化教育技术以及相关设备的投入力度，使高校英语教师的信息化教育水平能够适应我国经济社会发展以及信息化环境下高校英语教学的新要求与新标准。

（三）重视实践，加强信息化教学

为了能进一步提升高校英语教学的质量和效果，在树立正确的信息化教学理念、提升信息素养和信息化教学能力的基础上，教师要立足于高校英语课程教学实践，加强信息化教学管理，尤其是要注意加强信息化教学手段和方法的创新及运用，这样才能从整体上提升高校英语教学的质量和效率。所谓的信息化教学，实际上就是指高校英语教师在实际讲课过程中灵活利用信息手段、信息资源和信息技术等开展英语课堂教学。教师要将高校学生当成信息教学的主体对象，有效培养和提升他们的自主学习能力、语言表达能力和综合信息素养。但是无论采取何种信息化教学手段或者信息化教学技术与设备，高校英语教师必须要结合学生的实际学习需求，从满足他们的自主学习需求、提高他们的自主学习热情和积极性入手，创新英语课堂教学方法。

在平时开展高校英语教学期间，教师可以利用 QQ、电子邮件以及微信等当下高校学生比较常用的社交软件，构建师生互动沟通和交流的信息化平台。教师平时可在网络交流平台上发布学习任务或者与学生沟通交流，提升高校学生学习的自由性与有效性。在开展信息化教学期间，教师还要注意对英语教学的手段和方法加以创新运用，借助微课等先进的信息化教学手段开展情境式教学、分层式教学、互动式教学和信息化教学，这样更有利于激发学生学习英语知识的兴趣，提高学生自主学习的有效性。

（四）采用基于现代信息技术的高校英语混合式教学模式

混合式教学是在网络环境下融合传统课堂教学和网络信息技术的教学方式，尽管不是严格意义上的全新教育方式，但是越来越受到高校教师的认可和欢迎。其构建策略有以下几方面。

1. 有效融合教学方法

对于英语教学方法的探索，一直是许多英语教师关注的重点。一个好的教学方法能够帮助学生更快更好地掌握一门新的语言。在语言教学的发展过程中，诞生了许多不同的语言学流派，他们提出了许多不同的语言教学方法，比如交际教学法、听说教学法、情境教学法以及自然教学法等。但是教学实践已经表明，任何一种方法都是不完美的，都有其弊端和不足。单独运用一种教学方法，无法解决语言教学中遇到的种种问题。

除此之外，有一些英语教师过于偏重或者迷信一种教学方法，这样不仅难以收到好的教学效果，反而容易出现偏差，产生不良影响，不利于教学质量的提高和学生对于语言的掌握。因此，英语教师最好能够使用多种方法的混合方式进行教学。教师应当对于不同的教学方法都有所了解和认识，找出它们的优势和不足，以及所适用的情况；然后要对各种教学方法进行整合，在课堂教学中综合运用多种方法，最大化其优势而弥补其不足之处，尽可能达到最佳的教学效果。

2. 构建“混合式”师生关系

由于网络技术在教学中具有越来越重要的地位，教师应当掌握网络课程的制作方法，利用网络来传递学习资料，并学会使用互联网进行一系列的教学活动，比如答疑解惑、批改作业和评价学生。教师需要不断地学习计算机知识和技能，以利用计算机技术的优势来优化教学。除此之外，教师在课程设计时，要多与其他教师进行交流和探讨，使教学计划与网络体系中的大学英语课程内容保持同步。另外，教师还应当不断尝试新的教学方法和教学理论，对旧有的方式进行调整和完善，使教学手段更加丰富。

在混合式教学模式下，师生关系也与传统的模式不同。学生可以通过网络平台来自主学习，丰富自己的知识，从不同的渠道、视野和层次展开学习活动。相比于传统的灌输式的方式，这种自主学习方式会具有更好的学习效果，也更有利于学生的个性化发展。在这一过程中，教师则承担着引导学生进行学习和合作、调动学生的探究性和自主性的作用。

3. 完善英语课程设计

计算机和互联网技术在教学中的应用能够更有效地推动学生的个性化学习，激发其创新精神。混合式教学课堂应当实现传统教学和计算机、互联网技术的有机结合，不仅为教师对学生的指导提供空间，而且也能充分利用计算机和互联网在教学中的独特作用。

混合式教学模式是由教师主导的，这与传统的将教师作为课堂主体的模式有根本的不同。为了发挥教师的主导作用，教师在教学内容的设计上，要将课堂内容与网络教学内容相结合，引导学生进行个性化学习并为学生的学习提供充足的资源。

教师不应当仅仅传授基本的教学内容，而且还要利用网络技术，加入与教学内容相呼应但又具有一定独立性的新内容。

在课程环节的设置上，教师在课堂教学和网络教学中，都可以按导入、自主学习、成果汇报和知识拓展这样的次序展开，为学生的学习提供更加高效、全程的指导。

4. 构建综合性的评价体系

混合式教学模式应当具有综合的评价体系。评价方式是多样化的，比如可以通过教学软件，列出教学过程中的各个环节，用来及时地对各个教学活动进行评价。此外，为了更加方便地展开评估和反馈，以及时调整教学手段、提高学习效率，教师需要对学生的学习状况进行全程跟踪了解。另外，在对学生的评价过程中，不应当由教师全盘负责，也要给学生进行自我评价和学生之间互相评价的机会。这样不仅有利于提高学生的自我认识，使他们在学习中更加主动，而且能够促进学生之间的交流。

在当今的时代背景下，计算机和网络技术取得了极大的发展，而其发展成果应用在教学中，有利于教学手段的革新和教学方式的进步。因此，混合式教学在综合利用多种教学理论、技术和手段来展开教学活动时，应当注重网络技术在教学中的应用，将传统的课堂教学与数字化的教学手段相结合，充分利用网络教学所具有的高交互性的优势，建构起基于网络平台的评价体系。这样可以整合传统课堂教学的优势与网络教学的优势，最大化新的技术手段和以往经验在课堂中的效用，使得高校英语教学的质量获得进一步提高，也使教学活动变得更加高效。

四、提高互联网时代高校英语教师的素质

课堂的时间有限，想要进一步促进学生对英语知识的深入理解，教师可以在互联网时代导向下的高校英语课堂教学中引入部分实践环节，引导学生就真实的英语问题开展讨论与思考，以此强化学生对英语基础知识的理解，加强学生的英语核心素养。这些实践环节的设计往往更能体现学生对英语知识的理解深度。与此同时，教师需要进一步解放思想，逐步成长为优秀的英语教师，从根本上进一步促进英语课堂教学质量的提升。学校需要进一步强化师资队伍，进一步做好以下几点工作：承担起培养英语人才的使命；确立英语课堂教学转型发展的目标；重视英语课堂教学人才的引进；引入“双师型”教师；聘用高学历、高职称的英语教师；考虑教师自身在英语教学领域内的贡献；根据教师在业内的影响制订合

适的工资标准；重视教师的自身价值，引进高素质的英语教师，促进英语课堂教学体系的逐步发展与建设，推进互联网时代导向下高校英语课堂的建设。

五、完善高校英语教学课程设计

在高校英语课堂中，教学资源的不丰富、教材的不完善也会影响英语教学的合理化、科学化。学校可以组织专家、学者针对学校的英语培育目标、英语教学目标、学生核心素养的培育目标等建立英语资源库，或者借鉴国外较好的英语教材与资源，使高校英语课堂教学更加科学化、正规化。学校要根据学生的英语核心素养情况、英语教学目标以及英语课堂教学的需求情况，逐步制订和完善教学内容，制订符合英语课堂教学的相关教学材料与资源，逐渐完善学校英语课堂教学的相关教材与教学资源。

为了让英语学科更健全，学校应该进一步促进英语学科的发展，引导学生将英语学科知识与其他学科知识融合提升，使学生能够得到综合发展。学校要进一步健全课程设计体系，夯实互联网时代导向下高校英语课堂教学的基础。为了促进英语课堂教学的发展，学校需要积极做好以下工作，具体包括：学校要引导教师开展英语课堂教学训练；学校要引导学生拓展英语学习深度；学校要增加学生的英语实践机会；学校要开展系列英语实践活动；学校要拓展英语教学资源库的建设；学校要促进英语课堂教学的专业化；学校要促进英语课堂教学的丰富化；学校要为学生的核心素养培育打造更大的发展空间。

六、加强创新型、应用型人才培养

（一）教学内容多样化

社会上有关高校英语专业转型的呼声长期存在。诸多学者关于转型内容、方式、方向莫衷一是。复旦大学的蔡基刚教授表示高校英语专业转型迫在眉睫，高校教师要一并转变教学思路和方式。根据蔡教授所述，英语专业缓慢发展的根本原因是定位模糊。蔡教授强调部分专业英语院校可以对外国语言文学研究开设“专而精”的课程，其余综合类院校的英语专业应尽快实现转型，要符合学校的办学定位和社会的人才需求，培养方向性专业英语语言人才，为国家急需的新工科、新理科、新农科等培养“新专业＋英语”的复合应用型人才。此外，以英语人才市场需求为基础，高校应针对英语专业广泛招生，多形式、多模式地教授中西方文化差异，同时开拓师资力量，针对翻译型、商务型、教学型英语人才的不同职业定位和目标，实现专业化、职业化。

（二）教学模式多元化

随着科学技术的进步，高校英语教学广泛采用多媒体技术，通过丰富的视频、音频以及图像资料来提升学生的学习积极性。但这种技术的利用也存在一定弊端，如学生的集中程度有限，长此以往会失去兴趣点，每节课利用手机拍摄教学课件会导致听课注意力下降。随着手机 APP 的普及，现下高校英语课堂可以利用相关 APP 教学技术，例如“云班课”“腾讯课堂”“超星学习通”“墨尔大学”等手机应用吸引学生的注意力，提升课堂集中度和参与度，从而达到预期的教学目标。事实上，高校到课率一直是令教学管理者头痛的问题，在提倡学生发扬个性的同时又需要一定的制度约束。因此，课前教师利用在线平台提前发布学习任务，同时将任务完成率与学生考勤挂钩，这样一来既可以保障学生的课堂参与度，同时也可以解决学生到课率低的问题。

（三）教学效果评估模式科学化

教学评价是衡量教学效果的重要标准。传统的高校英语专业教学效果评估模式较为单一，通常以期末考试作为其终结性评价。这种评价模式缺乏普适性和科学性，不利于考查学生的进步程度、学习水平和语言实际运用能力。高校英语教师不应当将等级考试过级率或期末考试成绩作为衡量学生专业水平的唯一标准，而应当建立以培养高校学生职业能力素养为目标的科学化、多元化的评价体系，加大对学生英语语言实际运用能力的考核力度。同时，高校要正确审视学术型与专业型人才培养模式的不同，引进国外先进的教学理念，在培养英语专业学生的人文素养的同时，关注人才资源本身的价值和其他可以实现交互的资源。在大数据时代，国内高校的教学效果评估需要向综合型评价倾斜，评估模式更加科学化、数字化、多样化，保障多方参与，以得出更加客观准确的数据。

总而言之，改革开放以来英语专业为国家和社会培养了大批高素质的英语人才，其成就和地位是不容置疑的。长期以来，我们的争议在于是否将其单纯视为一门语言学或是英语国家文化研究学科。新兴技术的出现并非要取代传统英语教学，而是为其提供一种技术辅助。因而，作为高校教育工作者，我们应当以培养应用型、复合型、创新型人才为导向，以提升高校学生的英语语言应用能力和职业能力为目标，深化教学改革，分析传统教学模式的弊端，创新教学理念，为社会培养高质量、多层次的英语应用型人才。

七、熟悉教材特点，按教材特点进行教学

（一）采用词块教学法来迅速提高学生的词汇能力

“词块”也被称为词串、预制短语、程式语、公式性语言或词化了的句子等。词块是由多个单词组成，可以独立用于构成句子或者话语，实现一定语法、语篇或语用功能的最小的形式和意义的结合体。词块在学习材料中可以是短语、习语、习惯性搭配、固定搭配以及句子式表达或常用句型。词块在语言材料中出现频率高，可作为整体储存、记忆、提取和产出。教师在课堂教学中若能把语言材料中复杂的篇章段落和句子分解成一个个词块，是比较有利于引导学生由词块的掌握到语句、语段、语篇的理解和掌握的。词块符合最近发展区搭建支架的特点，教师若能将教材，尤其是读写中的词块作为一种概念框架或语言学习支架融入教学中，引导学生自己积累和记忆词块，必然能提高其语言输入效率、语言输出质量和语言应用能力。

不论是按类别还是按词块对词汇进行分类、归纳、积累，都只是词汇层面的学习，因此还需要延伸到写作技巧和阅读技巧层面的归类学习。教师的逐步引导和辅助就像搭建支架，久而久之，学生就可以自觉自愿地将教材内容构建、内化成自己的知识技能。这也是课堂教学从教到学的转化过程。

（二）加强课内外交互式合作学习

在高校英语教学过程中，教师需要根据教材内容和课后练习的特点，加强对学生课后自主学习方面的引导，为其后续阶段的学习乃至终身学习打下基础。而面对“互联网 +”时代下国家发展的需求，高校英语课不仅是一门语言基础课程，也是拓宽知识面、了解世界文化的素质教育课程。在以人为本教育理念的导向下，教师应十分注意和强调学生的参与，这在一定程度上会激发学生的学习兴趣、学习热情和主动参与教学的精神。基于此，教师需要设计一些课内外小组交互合作学习的任务活动，如教师可根据每个单元内容设计一些话题或者问题，引导学生积极参与小组讨论、表达观点；讲解课文时多提问，了解学生的自主学习情况及问题所在；进行课后练习时让学生分组完成任务，让每个学生都有机会上讲台尝试当老师。这样的活动既让学生完成了学习任务、锻炼了自己，也促进了生生间的互动和合作学习，更增强了学生的学习主动性。有时教师还需要根据课文内容拓展一些活动，这些活动可以将枯燥的课文学习与文化、艺术、历史等领域相结合，有利于促进学生在课内外的合作学习中拓展知识、开阔视野、增长见识、提

高文化素养，还能为他们将来与国外友人对话沟通、传播中国故事和文化打下坚实的基础。

八、引导高校英语教师树立正确的教学观念

在互联网时代导向下的高校英语课堂教学中，想要进一步促进学生英语核心素养的提升，需要引导教师积极转变英语课堂教学理念，促使教师逐步树立更加先进、更加有效的英语教学观念，促进英语课堂教学逐步发展，促使更多的学生具备较高的英语核心素养。对于教师而言，想要培养更多优秀的英语人才，需要积极树立以下几种英语课堂教学观念，以此进一步培育学生的英语核心素养。

（一）培养高校学生掌握英语解题技巧

第一，教师要进一步加强对学生英语知识与解题技巧的掌握。对于高校英语课堂教学而言，英语教师需要进一步探索有效的教学互动方式，引导学生加强有关英语解题技巧的练习，与此同时，也要注重对英语核心素养的培育，注重呈现英语教学本身的魅力与趣味。例如，部分学生明明不具备较强的英语解题技巧，但是英语基础较扎实，对于此类学生教师要引导其掌握英语解题技巧，促使其充分运用英语基础知识。再例如，部分学生具备一定的英语解题技巧，但是英语基础知识不足、英语思维能力较弱。针对这部分学生，教师需要引导其学习英语基础知识，提升英语理解力，这样才可以进一步提高英语课堂教学质量。

第二，教师需要进一步推进英语基础知识与核心素养的有效结合。在新时期背景下的高校英语课堂教学中，教师要逐步做好以下工作：要引导学生掌握扎实的英语基础知识；要引导学生开展英语思维学习；要引导学生逐步掌握英语解题技巧；要引导学生逐步探寻英语问题。

（二）重视对学生英语学习能力的培养

教师要积极转变观念，进一步加强对学生英语学习能力的培养。所谓英语教育，从本质上来说，具体涵盖了英语知识与技能的教与学。英语教师借助系统化的教学活动，可以将有关英语的基础知识与解题技巧传授给学生，也可以将英语中的精华与重点内容传授给学生，以此来进一步提高学生的英语水平。英语教师应该鼓励学生进行英语知识的迁移活动、探索英语知识的发展进程、全面提升自身对英语知识的探索热情、促进自身英语学习能力的提升。与此同时，英语教师要深刻意识到，只有打好学生的英语知识基础，才能够进一步促进学生的英语创

新能力的发展，从而推动学生英语学习能力的全面发展，以此为学生英语学习能力的提升打下良好的基础，推动学生核心素养的培育。

（三）突出学生的主体地位

在新时期背景下的高校英语课堂教学中，学生就是课堂教学最本质、最广泛、最权威的主体。学生的学习活动与学习效果是英语课堂教学的开设依据，也是英语课堂教学开展的基础。英语课堂教学本身具有重要的意义与价值，具备发展的意义。

教师应该尊重学生的感受，了解学生对于英语课堂教学的意见与建议，充分调动学生的英语学习积极性，促进学生英语学习能力的逐步发展与提升，更多地关注学生本身的英语学习效果与学习感受。

英语教师要进一步发挥学生的主体作用，培养学生的主体意识，促使学生真正成为英语课堂教学的主体。教师在英语课堂教学中所面临的主体是众多学生，并不是单一的个体，因此，教师要促进每一个学生在原有的基础上有所进步与发展。

（四）重视对学生英语兴趣的培养

在教学活动中，兴趣具有重要的意义与价值，是从学生的本能中发展而来的。杜威认为，在赫尔巴特的兴趣理论中，其过于重视兴趣本身的来源问题，过于强调在教学活动中所使用的教材与实际的教学方法，而忽略了在教学过程中学生探索求知的机会与表达自我的水平。杜威认为，在教学中，学生自身对于学习的兴趣有利于提高他们的努力程度，这对于高校英语课堂教学而言是至关重要的。教师应该进一步认识到英语课堂教学的逐步发展是确保学生英语学习兴趣增长的关键。在学习发展理论中，杜威对于教学活动提出了两个假定：第一，无论是哪种教学活动，都需要学生产生兴趣，都需要以学生的兴趣为基础，这样才能够进一步促进教学活动的发展，推动教育体系的改革，以此满足学生的探索求知需求。第二，学生的兴趣往往都是自发的，但是教师可以进一步引导学生提升学习兴趣，推动学生在教学活动中发展与进步。

在具体的英语课堂教学活动中，教师需要进一步采取有效的方式来激发学生的英语学习兴趣、激发课堂活力。

九、丰富高校核心素养培育方法

对于英语教师而言，在全面探索的过程中，为了进一步促进学生核心素养的培育，需要借助有效的教学方法来引导学生、激励学生，促使其成长为优秀的英语人才。

（一）信息化教学方式

在传统教学中，英语教师往往采用集体授课的方式进行统一教学。随着信息技术的不断进步以及高科技的有效应用，信息化教学逐渐成为英语课堂教学的主流。无论是从英语知识的呈现丰富度上，还是从调动学生的英语学习兴趣上来看，信息化教学都是开展英语课堂教学的有效方式。

（二）小组教学方式

对于学生而言，尤其是对于英语学习能力较为薄弱的学生而言，小组教学方式更有助于提高他们的英语基础知识水平与英语学习能力，促进其英语水平的全面提升。随着学生英语水平的不断发展，学生的个体差异不断显现，小组教学方式更加有助于提升学生的英语学习能力。在英语课堂教学中，英语教师可以借助小组教学方法，按照学生的英语学习进度与实际情况将学生分组，进一步提升英语课堂教学的质量，推动不同层次学生的进步。总的来说，小组教学也是比较常见的英语课堂教学方式之一。

（三）差别化教学方式

在高校英语课堂教学中，英语教师可以采取差别化的教学方式，以此促进学生英语学习能力的提升。英语教师可以进一步采取更具创新性的差别化教学方式，例如以优生带差生的教学方式。

在部分学校中，教师以四五个学生为一组，引导不同小组中英语学习较快、学习质量较好的学生对其他进度较慢的学生开展一定的检查与督促活动，确保英语课堂教学质量。与此同时，还有部分英语教师为了激发学生的英语学习能动性，开展以优生带差生的英语比赛，从而激发学生的学习竞争意识，进一步提高学生的英语学习兴趣。

十、完善高校英语课堂教学设置

在我国的英语课堂教学中，课程论侧重研究“教什么”，教学论侧重研究“如何教”。或者说，课程论侧重研究提供哪些教育内容及如何有效地组织这些内容，而教学论侧重研究如何有效地教授这些内容。

当前，英语课堂教学的课程建设与学生核心素养的培育、学生英语学习能力的发展速度还不成正比。在这样一个信息技术飞速发展的社会，为了在课程建设中紧跟英语知识更新的速度，尽可能多地保留当前广泛的、新的、有价值的信息，笔者认为有必要建立一种英语课堂教学的课程设置制度。

教师应在教学设计上有新的突破，从学生的需求与发展的角度出发设置英语课堂教学环节与内容，达到造就英语人才、提升学生英语核心素养的最终培养目的。学校、教师、学生共同设计教学环节，是未来英语课程设置的走向。

十一、冷静应对“互联网 +”对高校英语课堂教学的冲击

（一）“互联网 +”对高校教育的冲击

“互联网 +”给高校教育带来的影响是不可预估的，更是不可低估的。这种影响随着互联网技术在高校教育中的应用变得更加显著和突出，然而如何应对这种冲击，实现高校教育生态系统的进一步发展则更为重要。因此，高校要正确认识“互联网 +”形态对高校教育的重要影响。

“互联网 +”使高校教育由传统的封闭式教育形态转变为开放式教育形态。“互联网 +”高校教育模式改变了传统教学中知识垄断的状况，教师不仅是知识的讲授者，更是知识的传递者和学生学习的引导者。所有互联网用户都能使用教学课件、获得教学知识；学生可以自主获取、分析和使用教学资源，实现了个性化教学和自主化学习。随着全球资源库的形成，优质的教育资源能够得到极大的丰富和充实，让人们随时随地都能够最大限度地获得自己想要的资源。这样一来，人们获得知识的成本降低，更愿意投身到学习中。

在“互联网 +”的冲击下，教师和学生的关系出现了极大转变。在传统高校英语教学中，教师教学是学生获取知识的重要来源，教师具有权威性和主导性，学生是知识的接受者。然而，在“互联网 +”高校教育环境下，除了教师课堂传授的教学知识外，学生获取知识的途径更加丰富，也更加便捷快速。师生之间的教学互动也不再局限于教师讲授知识，互动式教学、探讨式学习、协作学习等多种教学方式让学生可以实现自主学习、独立思考。如此一来，教师的身份则变为学生学习的引导者或指导者，改善了传统的师生关系。

在“互联网 +”的冲击下，教育组织与非教育组织的界限逐渐淡化。社会教

育机构的灵活性、“互联网 +”教学的便捷性都为高校英语教学提供了丰富的教学资料，有利于高校英语教学质量的提升。此外，“互联网 +”高校教育更能适应社会经济发展的变化，不断更新教学内容，扩展教学的深度以及广度。

从本质上来看，“互联网 +”对教育的影响主要表现在对教育资源的重新分配上。从这个角度来看，首先，“互联网 +”能够让人们注意到优质教育资源的重要性和作用。从教师的服务人数就可以看出来，以前，一个优秀的教师只能服务于少数的学生，现在随着互联网技术的发展，一个教师可以服务于上百个甚至更多学习者的需求。其次，“互联网 +”也能够跨越时间和空间的限制实现各个地方的合作研究，从而进一步完善“互联网 +”新型教育模式。

“互联网 +”同样也具备促进教育自我优化的能力。一个事物只有不断发展、不断进化、不断创新才能长久生存和发展下去。传统的教育由于与社会经济的发展完全脱节，因此，存在自我优化能力较低的问题。互联网使得教育变得更加开放，人人都可以是教育者，人人也有可能成为被教育者。这种新的教育生态在适应社会经济发展的前提之下也会给高校教育生态圈带来更多便利。总的来说，新时期的高校教育面临着很多的挑战，主要包括以下几个方面。

首先，高校教育在开放的教育生态环境中面临着被逐渐弱化的问题。因为，在传统教学模式的发展之下，教师是通过跟学生面对面的交流将知识传授给学生的。而在这个过程之中，教育工作者也随之将一些良好的品德以及价值观传达给了学生，让学生受到了更多美德以及艺术层面的潜移默化的影响。与此相反的是，在互联网教育中，师生之间以信息的交流为主。学生很容易对以互联网为主体的辅助学习设备形成依赖，忽略了教师的教学过程，久而久之，教育的育人功能将被弱化。

其次，互联网环境开放、信息丰富，学习者（尤其是低龄学习者）缺乏较强的辨别力与抵抗力，如果教育工作者没能及时加以引导，这一群体很可能会受到网络上鱼龙混杂的信息的影响，从而不利于培养美好的道德品质、树立正确的价值观念、形成积极的生活方式，甚至可能养成一目十行、囫囵吞枣等不良习惯。

最后，碎片化的学习方式很可能会降低学生学习的专注度。在互联网的作用下，理论知识可以通过分享、转载、购买等方式实现大范围的传播与阅读，这不仅给学习者带来了极大的便利，也大大降低了学习门槛，人们可以不再受时间、空间的限制，可以根据自己的需要或兴趣来学习知识与技能。借助互联网的力量，学习者涉猎知识的范围和层次逐渐扩大，不论他们是否熟悉某一领域的内容，都能够获取相关资料。但与此同时，人们学习的内容和时间都呈现出碎片化的趋势，使其很难给零散的知识点建立完整的框架体系，从而容易降低知识的关联性，无法保证学习者学习的深度和广度。

那么，在上述情况下，高校英语教师应当如何帮助学生正确对待互联网中海量的碎片化信息？应当如何引导学生将互联网中零碎的内容加工成有用的知识网络体系？这将是高校教育工作者亟待解决的重要问题。

（二）应对策略

面对“互联网+”时代给教育带来的这些机遇和挑战，各高校以及教育工作者需要冷静应对。

1. 要坚持“教育为体、互联网为用”

首先，高校教师要明确并谨记一点，无论互联网的出现给课堂教学工作带来了多少便利，它始终只是一种为高校教育服务的技术手段和工具。尽管高校教师能够借此简化教学流程、提高教学质量，但使用该技术的出发点是为了满足高校教育工作的需求，提升高校课堂教学的效果。因此，可以说，有一定的教学需求和效果是高校教师运用互联网开展课堂教学的前提条件和必要依据。也就是说，高校教师在决定是否使用互联网进行课堂教学之前，必须要想清楚互联网技术需要用在哪个教学环节，它能够起到何种作用，是否可以加强和学生之间的交流、促进学生的思考、激发学生的学习兴趣、带来更优于传统教学方式的效果，以便能够有的放矢地展开相关教学工作。

试想一下，如果高校教师应用互联网技术或设备不是以加强课堂教学为第一要务，而只是为了实现减轻备课负担、减少板书麻烦等，这样不仅不能够充分发挥互联网的积极作用，还很可能会因为滥用互联网技术而降低课堂教学效率、妨碍后续教学工作计划的有序进行，从而影响高校教学目标的实现。

其次，高校教师如果为了简化教授和解说知识点的步骤，直接让学生观看网络教学视频或课件，而没有适时引导或加以说明，或许能够发挥互联网技术一部分的教学功用，帮助学生接触、了解到教材范围以外的知识点。但是，如此一来，做的是“换汤不换药”的无用功。因为这样不仅和运用传统教学方式呈现的教学结果并无本质上的差别，也违背了以满足高校教育工作需要为出发点的根本原则。因此，这种做法并不能够完全体现“互联网+”高校英语教学的优势，也不值得高校教师学习借鉴。由此不难看出，要想有效发挥互联网技术和设备的辅助作用，促进高校课堂教学工作的顺利实施，高校英语教师必须要保持本心，始终秉承教书育人这一核心目标，围绕教育为本这一基本理念开展教学工作，遵循“互联网为用”这一指导原则进行课堂教学，从而避免出现本末倒置、事倍功半的情况，进而确保互联网能够完全发挥促进高校教育改革、提升高校英语教学质量的积极作用。

最后，高校英语教师要把握好在课堂教学中利用互联网的度，尽最大努力做到不乱用互联网设备、不滥用互联网技术。现阶段，随着互联网的大面积推广和应用，大部分高校英语教师已经意识到互联网可以为教育所用，能够给英语教学发展带来不容忽视的影响，因此，这部分走在时代前端的教师应当试着摒弃陈旧观念、更新教学理念，尽可能将英语课堂教学与互联网融为一体，将教材理论与网络信息完美结合，进一步优化教学的手段和方法，设置更丰富的教学环节，创造更多师生互动、交流的机会，以便有效活跃英语课堂的气氛，提高学生学习的热情和积极性，进而提升高校英语课堂教学的效率和质量。

2. 要发挥宏观调控下的市场主体作用

在“互联网 +”时代，为了减少国家政策方面的限制，优化高校英语课堂教学的生态环境，推进高校教育变革，有关部门很有必要充分借助“风口”的作用，顺势发挥宏观调控下市场主体的作用。“互联网 +”时代下，高校教育改革的主力军是新兴互联网教育企业。一方面，要确保这些互联网教育企业的自主地位得到尊重、自主作用得到发挥，从而避免因政府制定过多限制性政策、约束性条例而妨碍了这一新兴企业发展、壮大。这样可以为高校教育创造一个自由民主的变革环境，搭建一个双向互动的交流平台，进一步推动高校教育朝着开放、有效的方向发展。另一方面，政府要在此基础上加强引导，并有效把握好宏观调控的度，充当好裁判员或情报员的角色，适时适度提供有关高校教育变革的重要信息，并对高校教育变革做出公正公平的评判，从而减少或避免出现高校和互联网企业等重复建设的现象，缩小或消除育人单位与用人单位之间的交流鸿沟，使之成为教育共同体，进而深化高校教育变革，提升高校课堂教学的质量和效率。

3. 要敢于从知识教育向思维教育转变

随着“互联网 +”时代的到来，越来越多的学习者开始通过网络获取教学资源、学习专业及非专业的知识与技能。因此，为了更好地承担教育者的责任，充分做好“授人以渔”的工作，高等院校以及高校教师有必要明确自身职责，厘清高校教学思路，从而实现在明确分工的基础上，简化高校课堂环节，优化高校教学方法与手段，进而实现以理论知识为教学重点向以开放思维为培养重心的方向转变，并在此过程中有效提高高校课堂教学的质量，顺利完成教书育人的目标。

总之，在面对“互联网 +”的挑战时，高校不能完全不采取任何措施，不能让互联网占据改革更大的部分，而需要抓住互联网技术发展带来的机遇，勇于迎接挑战，让教育事业在“互联网 +”的帮助之下有更大的发展。

第三节　新时期高校英语教师技能提升途径

一、以说课的方式提升教师的教学技能

（一）说课的含义

说课是教师针对某一观点、问题或具体课题，口头表述其教学设想及理论依据的过程。说课是一种虚拟教学，是教师在制订教学方案后向听课的教师讲述教什么、怎样教、为什么这样教，其中重点是为什么这样教，然后由说者和听者共同讨论和评议，达到相互交流、共同提高的目的。说课由述课与评课两大环节组成，述是评的基础，评是述的提高。

说课集“备中说、说中评、评中研、研中学”为一体，是对上课的总结、归纳、提炼和升华，也是在职英语教师和英语师范生必须掌握的一项基本技能。

（二）说课的特点

①重在说道理。

②强调科学性、逻辑性和思想性。

③突出高层次性。

④具有预见性。

（三）说课的原则

①科学性：教材分析要正确、透彻；学情分析要客观、准确；要符合课程标准要求、教学内容和学生实际；要紧扣教学目的，可操作性强。

②理论联系实际：有理论指导；教法设计应上升到理论高度；理论与实际要有机统一。

③实效性：目的明确、针对性强、准备充分、评说准确。

④创新性：大胆假设，小心求证，充满生机和活力。

（四）说课的类型

从性质上来分，可以分为实践型、理论型、研究型、示范型、评比型、提高

型和检查型说课。

从教学过程上来分，可以分为课前说课和课后说课。

从教学层次来分，可以分为说一节（课）、说一模块和说一本书。

（五）说课的方式

说课可以采用讲说法、演说法、对说法、论说法等方式。

（六）说课的内容

①说教材：教材分析、教材处理、教学目标、教学重点及难点。

②说学情：学生已有的水平、学习特点和学习风格。

③说教法：根据课程性质、教材内容和学生的年龄特征选择不同的方法；处理好方法与内容、方法与效果以及教与学的关系；注意教法的适应性、启发性和生动性；说清教学重点和难点突破；说明上课的辅助手段。

④说学法：说清学法的名称、内容、过程、方法、要培养的学习习惯及与教法的有机联系。

⑤说教学程序：教学过程、教学结构、课堂练习设计和多媒体应用。

⑥说板书设计：以学科性、实用性、直观性、灵活性和艺术性为原则，忌空、满、乱、散、潦草、差错等。

⑦说特色与亮点：导入要新颖、不落俗套；语言绘声绘色、抑扬顿挫；注重语音语调；总结语要有感染力。

⑧说教学反思：反思教学内容、过程、策略等的得与失。

（七）说课的步骤

①教材简析。（话题、语法前牵后连）

②确定教学目标。（重点）

③分析学习者的特征。（学生心理、学习能力）

④根据教学内容和学习者的特征确定教学重难点。

⑤制订教学策略、方法、手段。（重点）

⑥进行自我教学评价。

⑦每课时的板书设计。

（八）说课的阶段

①抽签确定说课的题目。

②撰写说课稿。

③说课。（15 分钟左右）

④回答问题。

二、以公开课的方式提升教师的教学技能

英语公开课是指由专家、同事、同行或家长等来听课的有组织、有准备、有规模的英语课，是一种有开课目的、研讨过程等的“观摩”活动。观摩课、优质课、汇报课、达标课、基本功竞赛课、教学新秀课和教学能手课等都是公开课。公开课主要有示范型公开课、研究型公开课和竞赛型公开课三种形式以及说课、听课和评课三个步骤。

英语公开课对于促进英语教师专业发展具有特殊意义。对于青年教师来讲，公开课是他们从教生涯中必须经历的一个过程，是一个获得关注、赢得荣誉的好机会。讲完一节公开课如同完成一次蜕变，准备的过程虽然很艰辛，但换来的是教学技能发展的突飞猛进。上好英语公开课是青年英语教师成长的加油站，是成为一名优秀英语教师不可缺少的磨炼。

英语公开课对英语教学有积极的意义，它既是体现英语教学理论的活的案例和标本，又是教学变革的先锋，是一种很有价值的教学探索和创新。要想讲好公开课，教师要精心准备，突出前瞻性、示范性和自身授课特色。

（一）正确认识公开课

通过公开课，教师可以更深入地探讨教学规律、研究教学方法、提升教学质量，因此教师要尽量争取上公开课的机会。

（二）狠抓英语基本功

地道的语音语调、流利的口语、规范的板书和深厚的文化底蕴是英语教师在讲台上站住脚、站稳脚和站好脚的前提和保障。

（三）突出特色

示范课要有前瞻性、创新性和启发性，要突出“新”“奇”“特”三要素。

（四）做好课前准备

①掌握先进的教育理念，紧跟教学理论发展前沿。

②备好教材，吃透教材，抓住重点和难点。

③课前要尽量了解学生，使教学具有针对性。

④备评委和教师，考虑他们的感受，设法让他们融入课堂。

⑤备好教法，启发诱导，师生互动，过渡自然。

⑥备教具，组合使用，出示恰当。

⑦备突发事件，想应对办法，有备无患。

⑧汲取集体智慧，突出个性特点。

⑨好“课”多磨，反复试讲，及时纠正错误。

⑩挖掘资源，精心制作课件。

⑪休息好，保持旺盛的精力。

⑫检查两案（教案和学案）、多媒体和教具。

⑬调节情绪，保持适度亢奋。

（五）做好课中实施工作

①找准切入点，突出新、奇、特。

②激情上课，营造好课堂氛围。

③走进学生，充分发挥学生的主体作用。

④把握好教学节奏，处理好量、质、度三者的关系。

⑤运用多媒体组合教学，优化课堂教学效果。

⑥重视激活学生思维，讲究提问和启发的艺术。

⑦教学环节过渡自然。

⑧课堂检测要精练。

⑨授课过程有亮点。

⑩扬长避短，发挥优势。

⑪指令清晰，随机应变。

⑫不盲目表扬学生，不忽略反应慢的学生。

⑬及时调整内容，决不拖堂。

（六）做好课后工作

①认真参与评课，听懂弦外之音。

②做好课后反思，把亮点写成论文。

参考文献

［1］ 陈许，李华东．高校外语教学研究与思考 [M]．杭州：浙江大学出版社，2014．

［2］ 景亚琴．信息化教学 [M]．北京：国防工业出版社，2013．

［3］ 张鑫．英语教学的理论与实践 [M]．北京：知识产权出版社，2012．

［4］ 张有录．信息化教学概论 [M]．北京：中国铁道出版社，2012．

［5］ 钱满秋．现阶段大学英语教学改革研究 [M]．北京：北京理工大学出版社，2017．

［6］ 郭晓，张润，赵建丰．教学改革与信息化建设研究 [M]．北京：人民日报出版社，2013．

［7］ 孙旭春．网络环境下大学英语听说教学研究：理论、模式与评价 [M]．昆明：云南大学出版社，2015．

［8］ 黎莹．新时期大学跨文化交际教学中本土文化导入及策略 [J]．文学教育（上），2020（12）：158-159．

［9］ 束定芳．大学英语教学与国际化人才培养 [J]．外国语（上海外国语大学学报），2020，43（5）：8-20．

［10］ 李琼．新时期大学英语教学与跨文化能力培养：评《跨文化交际视角下大学英语教学改革》[J]．高教探索，2020（8）：140．

［11］ 向大军，赵常友．试论新时期大学英语语法教学的生态位 [J]．曲靖师范学院学报，2020，39（1）：121-124．

［12］ 姜忠莉．新时期大学英语教学创新中的学术英语转向 [J]．科技视界，2019（36）：192-193．

［13］ 刘小杏，刘晓萌．产出导向下大学英语 SPOC 翻转课堂教学模式构建与实践 [J]．昭通学院学报，2019，41（5）：94-98．

［14］ 陈婷婷．范式创新：新时期我国大学英语教学亟待重视的问题域：以国内大学英语翻转教学为例 [J]．西昌学院学报（社会科学版），2019，31（2）：116-120．

［15］ 刘荣．简论新时期大学英语教学的发展路径 [J]．英语广场，2019（6）：114-115．

[16] 周晓玲．新时代大学英语课程智慧教育体系构建：以人－机－环境系统为视角 [J]．社会科学家，2019（5）：149-154.

[17] 王书亭，吴易曦．“中国大学英语教育”的学科地位及建构论略：从《大学英语教学指南》谈起 [J]．中国石油大学学报（社会科学版），2019，35（2）：87-92.

[18] 杨娜．新时期大学英语课堂教学局限性及解决方法研究 [J]．英语广场，2018（12）：127-128.

[19] 徐正茹，孙峰．提高大学英语课堂教学效率的可行性策略探究 [J]．宏观经济管理，2017（增刊1）：153-154.

[20] 姚兰．新时期大学英语教学发展与改革路径探索 [J]．陕西教育（高教），2017（11）：8.

[21] 束定芳．对接新目标 创建新体系 适应新需求：写在“新目标大学英语系列教材”出版之际 [J]．外语界，2016（2）：2-8.

[22] 刘艳艳．创新型大学英语师资队伍建设探析 [J]．教育与职业，2016（4）：59-61.

[23] 张兢田，吕培明．新时期大学英语教学方向探索 [J]．中国大学教学，2016（2）：14-18.

[24] 张艳，张莉萍．论后大学英语教改的理论依据和现实基础 [J]．外语研究，2015，32（6）：73-77.

[25] 张艳．网络时代大学英语教学模式改革的取向与路径 [J]．江苏师范大学学报（哲学社会科学版），2015，41（6）：142-146.

[26] 贾国栋．继承改革成果与构建创新发展：学习《大学英语教学指南》[J]．中国外语，2015，12（4）：4-9.

[27] 胡杰辉．目标导向的大学英语课程体系研究 [J]．中国外语，2014，11（6）：4-9.

[28] 沈骑．转型期大学英语课程的价值追问 [J]．外语电化教学，2014（2）：61-67.

[29] 丁仁仑．大学英语师资的转型与培养 [J]．中国外语，2013，10（3）：15-20.

[30] 贾国栋．新时期大学英语教学改革的紧迫任务：谈《大学英语课程教学要求》的修订 [J]．中国外语，2012，9（6）：11-15.

[31] 刘汝举．新时期大学英语教学理念探讨 [J]．才智，2012（19）：297-298.

[32] 杨波．大学英语教材建设的趋向研究 [J]．中国出版，2011（14）：30-32.

［33］陆舒湄．“三全育人”格局下高校课程思政实践路径研究 [D]．杭州：浙江理工大学，2020．

［34］马琴．大学英语个性化教学研究 [D]．重庆：西南大学，2017．

［35］吴亚萍．《大学英语教学指南》视域下邮电类院校大学英语教学改革研究 [D]．南京：南京邮电大学，2018．

［36］魏雪钦．“理解”视域下大学英语学习本真研究 [D]．西安：陕西师范大学，2018．

［37］王静．我国高校外语教育信息化政策发展研究 [D]．上海：上海外国语大学，2018．